AF503972

ÉTUDE

DU

PROJET DE LOI SUR LES BIÈRES

PRÉSENTÉE PAR LES DÉLÉGUÉS

DE LA

BRASSERIE FRANÇAISE

A MM. les Membres de l'Assemblée Nationale

ET PARTICULIÈREMENT

A LA COMMISSION DU BUDGET DE 1875

VERSAILLES

CERF ET FILS, IMPRIMEURS

59, RUE DU PLESSIS, 59

—

1875

AVANT-PROPOS

Au moment où il allait être procédé au tirage de ce Travail et de ses annexes, M. le Ministre des Finances présentait à l'Assemblée nationale, séance du 15 juillet, un projet de loi portant modification de celui du 18 mai précédent, qui depuis cette époque était l'objet d'une étude approfondie au sein de la Commission du Budget de 1875. Cet incident inattendu nous plaçait en présence d'une double éventualité : ou bien notre Travail serait inutile, si M. le Ministre donnait satisfaction aux représentations de la brasserie ; ou bien il faudrait lui faire subir des remaniements plus ou moins considérables, si les modifications proposées laissaient subsister les principaux griefs de cette industrie.

Malheureusement, c'est cette dernière prévision qui se réalise ; aujourd'hui 21 juillet, nous venons de lire le nouveau projet de M. le Ministre et son exposé des motifs ; il ne diffère guère de l'ancien, qu'en ce qu'il supprime de l'art. 2 des dispositions en complète discordance avec les motifs développés dans l'exposé primitif, et, aussi, en ce qu'il fait passer dans le texte de la loi, des articles primitivement réservés au règlement d'administration publique : notre impression est que le régime fiscal de la brasserie s'en trouve plutôt aggravé qu'amélioré. Il nous faut donc persister dans l'accomplissement de notre tâche, et c'est en toute hâte que nous faisons subir à notre Travail les changements nécessaires pour le mettre en concordance avec ceux que le projet du Gouvernement a subis lui-même.

Quant à la nécessité où M. le Ministre des Finances s'est trouvé de retoucher ses propositions primitives, voici comment il les explique :

« Ce projet, dit-il, avait donné lieu devant la Commission
» du Budget de 1875 à des enquêtes nombreuses et à des
» études approfondies, par suite desquelles cette Commis-
» sion avait demandé des changements importants. L'admi-
» nistration a consenti à quelques-uns de ces changements,
» et a réduit de 7,000,000 à 5,000,000 de francs ce qu'elle at-
» tendait de la loi. »

C'est de la générosité pour laquelle nous regrettons de ne pouvoir exprimer notre reconnaissance à M. le Ministre ; elle ne tend à rien moins qu'à donner le change sur le mobile qui dirige la brasserie et à la représenter comme cherchant à échapper à l'impôt ; ce n'est pas de cela vraiment qu'il s'agit. Disons bien haut, au commencement de ce Travail, comme nous aurons plus d'une fois l'occasion de le répéter à la suite : la brasserie ne demande ni exemption ni réduction de droits ; ce qu'elle veut, c'est un régime fiscal qui lui permette, sous les yeux de la régie, autant que celle-ci le croira nécessaire, de régler sa fabrication suivant les procédés qu'elle juge les plus propres à en assurer la réussite ; c'est, après la fabrication, la cessation de l'exercice et la liberté absolue de disposer de ses produits : là est l'élément fondamental du progrès de l'industrie ; là aussi, celui de l'accroissement des revenus du Trésor, et non dans la combinaison de mesures mesquines, dont l'effet inévitable serait d'amener la décadence, sinon la ruine de cette industrie.

ÉTUDE

DU

PROJET DE LOI SUR LES BIÈRES

PRÉSENTÉE PAR LES DÉLÉGUÉS

DE LA

BRASSERIE FRANÇAISE

A MM. LES MEMBRES DE L'ASSEMBLÉE NATIONALE

ET PARTICULIÈREMENT

A LA COMMISSION DU BUDGET DE 1875

DEUXIÈME MÉMOIRE

Juillet 1875.

INTRODUCTION

Les délégués de la brasserie française, nommés par l'assemblée générale qui s'est tenue le 31 mai dernier, au Théâtre des Variétés de Versailles, a dû se borner à indiquer très sommairement dans un premier mémoire, les principaux points qui avaient paru devoir être signalés à l'attention de l'Assemblée nationale, pour le moment où viendrait à son ordre du jour la discussion du projet de loi sur les bières : ils s'étaient réservé d'entrer ultérieurement, suivant les circonstances, dans tous les développements dont la question est susceptible et ils l'ont déjà fait devant la Commission du Budget de 1875, où ils ont eu l'honneur d'être reçus le 9 de ce mois, et entendus avec une bienveillance dont ils sont très-reconnaissants.

Alors, l'exposé des motifs dont le dépôt avait suivi d'assez loin celui du projet de loi lui-même, n'était connu que d'un petit nombre de brasseurs : le projet de réglement d'administration publique, prescrit par l'article 10 de la loi, ne l'était de personne. Aujourd'hui que les délégués ont été mis à même de prendre communication de ce dernier projet, quoique non imprimé, il ne leur reste plus rien à apprendre des intentions de l'Administration à l'égard de leur industrie. S'il en résulte la confirmation de leurs premières appréhensions, ils ont du moins l'avantage d'en voir les causes exprimées sous une forme catégorique qui ne laisse subsister aucun doute.

En pareil état de choses, il y a pour les délégués de la Brasserie française, pour nous qui avons l'honneur d'appartenir à cette délégation, devoir et nécessité tout à la fois, de chercher au risque même de longueurs fastidieuses et de détails techniques très-peu attrayants pour le lecteur, à mettre en évidence l'incompatibilité des combinaisons de l'Administration avec les droits acquis à la Brasserie, en raison même de sa longue préexistence, avec les intérêts bien entendus de cette industrie et de ceux du Trésor, et enfin avec les règles spéciales à sa nature, œuvre du temps, de l'observation et de la science qui ne doit pas être légèrement compromise ni sacrifiée dans l'espoir unique et peut-être chimérique d'une plus-value d'impôt. Il y a plus encore; nous osons dire que pour les législateurs, qui sont en définitive les juges suprêmes en cette cause, il y a même nécessité d'en aborder l'étude, en ce qu'elle a de plus ingrat : c'est pour faciliter cette étude et l'abréger, que nous avons essayé de grouper, en suivant l'ordre établi par le projet de loi, les notions qui nous semblent devoir éclairer la question d'une lumière suffisante, mais indispensable à une équitable solution.

PROJET DE LOI

Article premier.

Les droits à la fabrication des bières continuent à être fixés (décimes compris), pour la bière forte à 3 fr. 75 c., et pour la petite bière à 1 fr. 25 par hectolitre, dans les conditions et avec les modifications déterminées par les articles suivants.

Cet article, qui consacre de nouveau le principe des droits différentiels, n'a donné lieu à aucune discussion : quelques voix seulement demandaient la taxe unique.

Notons cependant qu'avant la guerre, les droits de fabrication qui étaient de 2 fr. 40 pour la bière forte et de 0 fr. 60 pour la petite bière (décimes non compris), ont été portés depuis 1871, à 3 fr. 75 pour la première et 1 fr. 25 pour la seconde, ce qui constitue une augmentation de 30 p. 0/0 dans le premier cas, et de 74 p. 0/0 dans le second (1).

Les brasseurs ont accepté sans se plaindre cet accroissement considérable de leurs charges, dont ils n'ont réussi à faire supporter qu'une faible partie par les consommateurs. Cet accroissement a néanmoins réagi sur la consommation qui a sensiblement diminué dans les régions où la bière n'est pas une boisson de première nécessité.

Le Gouvernement croit qu'une grande partie de l'impôt échappe à la perception, et son unique préoccupation semble être de s'assurer les moyens d'en percevoir l'intégralité.

Rien n'est plus contraire à l'intérêt de la brasserie que la fraude : elle est un obstacle à une bonne fabrication et ne favorise que des produits inférieurs; elle provoque à la déloyauté dans la concurrence et paralyse les efforts de la brasserie sérieuse, qui ne ménage ni soins, ni temps, ni argent pour élever ses produits à la hauteur des produits étrangers. Voilà par quels motifs, avons-nous dit déjà tant de fois, se

---

(1) Voir l'Annexe B.

trouvent étroitement liés les intérêts de la brasserie et ceux du Trésor, et comment l'Etat peut sûrement attendre des brasseurs français le plus énergique concours dans l'organisation des moyens de réprimer la fraude; voici, par contre, en quels termes se présente à l'esprit des praticiens le problème dont il faut chercher la solution :

Surveillance sévère dans le cours de la fabrication, mais liberté absolue dans le commerce des bières.

C'est de ce point de vue, indiqué par l'assemblée générale des brasseurs, que nous allons entrer, en les abrégeant le plus possible, dans les développements que comportent les articles suivants du projet de loi.

Art. 2.

Il ne peut être fait d'un même brassin, soit dans une seule, soit dans plusieurs chaudières, qu'une seule espèce de bière.

Ne peut être considérée comme petite bière pour l'application de la taxe que le brassin fabriqué exclusivement avec des drèches ayant préalablement servi à la fabrication d'un brassin de bière forte.

Le brassin de petite bière ne doit pas excéder en contenance le brassin de bière forte.

S'il était fabriqué plus de deux brassins avec la même drèche, le dernier seulement serait, aux conditions sus-indiquées, réputé de petite bière.

Le Gouvernement a supprimé de l'article 2 du projet primitif, la partie qui réglait l'ordre et la composition des trempes dans la fabrication des deux espèces de bière. Cette prétention ne pouvait s'allier avec celle d'imposer aux moûts des limites de densité; c'eût été créer pour le brasseur des occasions de difficultés inextricables. Nous le félicitons de s'être rendu sur ce point aux réclamations de la brasserie. Nous n'avons plus, pour nous, qu'à supprimer de notre Mémoire l'argumentation que nous avions préparée pour cet objet.

C'est cependant encore à l'article 2 que se rapporte une question qui intéresse un grand nombre de brasseurs et qui reste forcément en suspens : nous voulons parler de la faculté de fabriquer isolément de la bière forte ou petite, suivant leurs besoins. La règle des densités paraît être très-favorable à l'idée d'une disposition de la loi qui donnerait à la brasserie toute liberté à cet égard, mais le Gouvernement ne s'y prête point quant à présent; il n'y a pas, au moment où nous sommes arrivés, la moindre chance d'obtenir son agrément. Il ne nous reste guère qu'à appeler son attention sur cette situation faite à certaines brasseries, lesquelles se trouvent, sous le régime actuel, dans l'obligation de fabriquer de la bière forte dont elles n'ont que faire, pour avoir le droit de fabriquer une quantité tout au plus égale de petite bière, la seule dont elles aient le placement; anomalie qui doit disparaître au plus vite de notre législation et qui se recommande d'elle-même à l'attention du Gouvernement.

Art. 3.

La quantité de bière passible du droit sera évaluée, quelles qu'en soient l'espèce et la qualité, en comptant pour chaque brassin la contenance de la chaudière, lors même qu'elle ne serait pas entièrement pleine. Il sera seulement déduit sur cette contenance, 20 0/0, pour tenir lieu de tous déchets de fabrication, d'ouillage, de coulage et autres accidents.

Rien à dire de cet article qui est la reproduction de dispositions en vigueur.

Art. 4.

Toute quantité de bière forte qui à l'état de moût, pris sur les bacs refroidissoirs ou à la sortie des réfrigérants, avant la mise en guillage, accuse, au densimètre centésimal et à la température de 15 degrés centigrades, une densité supérieure à 6 degrés au-dessus de 100, est passible, indépendamment du droit fixé par l'art. 1er de la présente loi, d'une surtaxe de 0 fr. 75 c. (décimes compris) par hectolitre et par degré du densimètre au-delà de 6 degrés.

Toute quantité de petite bière qui à l'état de moût, pris sur les bacs refroidissoirs ou à la sortie des réfrigérants, présente, à la température de 15° centigrades, une densité supérieure à 2°,5 du densimètre, au-dessus de 100, est passible du droit fixé pour la bière forte.

Pour l'application des dispositions qui précèdent aux bières fermentées, la densité originelle de leur moût est déterminée d'après les bases fixées par un règlement d'administration publique.

2

L'article 4 fait une condition règlementaire d'un usage qui est général en brasserie, celui de soumettre les moûts au contrôle d'un instrument de précision (1) destiné à en faire connaître la richesse saccharine, ou mieux encore, la densité. La brasserie accueille cette innovation avec d'autant plus d'empressement qu'elle y voit une amélioration considérable de la législation au profit de la liberté du brasseur et de la qualité de ses produits, en donnant tout à la fois au service de la régie les moyens de constater, avec une certitude qu'il n'a jamais eue, la distinction de la bière forte d'avec la petite, et du degré de la force respective de chacune d'elles.

Mais les maximums auxquels l'art. 4 s'est arrêté sont trop faibles. L'administration des contributions indirectes avait proposé 3° et 7°, ce qui était encore insuffisant ; on ne voit pas pourquoi, dans le remaniement de son projet, ces bases ont été réduites à 2°,5 et 6°. L'Assemblée générale des brasseurs demande 3°,5 et 7°,5 ; nous avons à justifier cette demande par quelques développements que nous tâcherons de rendre aussi clairs et aussi concluants que possible, et nous allons raisonner à cet effet d'après les bases proposées par l'administration des contributions indirectes.

---

(1) *Comparaison des degrés saccharimétriques Balling avec les degrés Baumé et le poids du densimètre.*

BALLING.	BAUMÉ.	Poids spécifique du densimètre.	BALLING	BAUMÉ.	Poids spécifique du densimètre.
1	0,56	1,0039	11	6,11	1,0443
2	1,11	0078	12	6,66	0485
3	1,67	0117	13	7,22	0528
4	2,23	0157	14	7,77	0570
5	2,78	0197	15	8,32	0613
6	3,34	0237	16	8,87	0657
7	3,89	0278	17	9.42	0700
8	4,45	0319	18	9,97	0744
9	5,00	0360	19	10,52	0787
10	5,56	0401	20	11,00	0833

Première observation.

La différence entre la taxe de 1 fr. 25 pour la petite bière, et 3 fr. 75, taxe de la bière forte, sera toujours pour le brasseur, un puissant stimulant dans les mesures qu'il devra prendre pour régler son moût de manière à ne pas s'exposer à payer la taxe de la bière forte pour la petite; mais s'il est resserré dans des limites trop étroites, il ne sera jamais certain d'éviter ce danger. La fabrication ne donne pas toujours des résultats identiques, encore bien que les conditions de cette fabrication soient parfaitement semblables. Le malt, quoique de même origine en apparence, sera plus ou moins riche en matière sucrée; le phénomène de la saccharification s'accomplira dans des conditions plus ou moins favorables; beaucoup d'autres circonstances exerceront sur le travail une influence aussi imprévue qu'inévitable; en présence de ces éventualités, le brasseur fera sagement de régler la composition de son brassin de manière à obtenir un demi-degré au-dessous du maximum.

Mais que sera la petite bière fabriquée à $2°,5$ du densimètre, alors que cette fabrication vient à la suite d'un brassin de bière forte? Voici comment les choses se passent ordinairement dans le cours de cette délicate opération, où le brasseur cherche à obtenir de son malt la plus grande quantité de sucre possible.

Le malt est composé principalement d'amidon, de matières grasses et albumineuses, de diastase, etc.; sous l'influence de l'eau élevée à la température de $70°$ à $75°$, la diastase se dissout, aide à la transformation de l'amidon d'abord en dextrine, puis en sucre. La dextrine étant un état intermédiaire que prend l'amidon avant de se transformer en sucre, il arrive que le sucre, toutes choses étant égales d'ailleurs, si la diastase ne se trouve pas en quantité suffisante, ne se forme ni aussi facilement ni aussi complètement, et qu'il reste dans les métiers une plus grande quantité de dextrine non transformée. Conséquemment, si nous admettons trois phases dans la saccharification, voici ce que nous remarquons pour chacune d'elles :

Première phase : production abondante de dextrine, faible production de sucre ;

Deuxième phase : grande formation de sucre aux dépens de la dextrine;

Troisième phase : production de dextrine et de sucré, mais toute la diastase, à cause de sa grande solubilité, ayant disparu avec les métiers enlevés pendant les deux premières phases, la quantité de sucre obtenue est tout à fait insignifiante, tandis que la production de la dextrine peut encore atteindre une notable proportion.

On voit par cette théorie, confirmée par la pratique, que la troisième phase, qui est celle pendant laquelle on extrait le moût de la petite bière, ne donne que très-peu de sucre, mais une plus ou moins grande quantité de dextrine, des matières grasses, quelquefois même des matières cellulaires désagrégées, des sels inorganiques peu solubles dans l'eau, toutes substances propres à donner du poids au moût, mais non susceptibles de fermentation alcoolique. Aussi le brasseur est-il dans la nécessité, pour obtenir un liquide utilement fermentescible, de racheter la pauvreté de son moût par l'addition d'une certaine quantité du moût de la bière forte, ou de glucose, ou de quelques autres succédanés. Si donc il était obligé de se contenir dans la limite de 3°, c'est-à-dire pratiquement 2°,5, la fabrication de petite bière après un brassin de bière forte, serait tout simplement impossible.

Nous n'ignorons pas que l'administration oppose à ces données un argument qu'elle juge péremptoire : elle prétend en effet que, d'après des expériences faites sur tous les points de la France, elle a reconnu pour les bières fortes la densité de 6° ou 6°,5, et, pour les petites bières, 2° et quelquefois moins.

Voici notre réplique :

En ce qui concerne les bières fortes, on fabrique beaucoup

à 6°, surtout dans le Nord ; mais nous aurons à revenir sur cette question.

Pour la petite bière, si l'on n'a constaté que 2°, cela peut tenir à deux causes principales :

1° Composition du moût avec de la glucose, auquel cas densité accusée presqu'exclusivement par du sucre, et moût susceptible d'une fermentation normale.

2° Constatation de la densité du brassin avant l'addition ou de moût prélevé sur la bière forte, ou de glucose, ou de toute autre matière saccharifère : en ce moment, la régie pouvait considérer le brassin comme terminé : pour le brasseur, il ne l'était pas : restait à faire la mixtion dont nous venons de parler, et certainement elle a été faite en temps opportun et avant la fermentation ; sous les yeux de la régie? Peut-être, car rien ne s'y opposait et la régie savait aussi bien que le brasseur, que c'était une nécessité et ne s'avisait point d'y mettre obstacle.

Il est bon d'ailleurs de noter ici les procédés suivis sur un grand nombre de points en France, pour constater la densité des moûts : c'est sur échantillons emportés en flacons, qu'on se livrait dans un bureau central de la régie, au mesurage de la densité du liquide. Après combien de temps? nous ne le savons pas, mais il est supposable que c'était le plus souvent après un délai assez long pour que le moût fût déjà en voie de décomposition.

Peu de personnes savent comment on compose un moût de bière et comment, une fois composé, il se comporte : mais tout le monde sait que le moût de vin, qui n'est autre chose que le jus du raisin, ne peut pas être enfermé dans une bouteille sans qu'il entre immédiatement en fermentation : c'est absolument ainsi que se comporte le moût de bière, qui a la plus grande analogie avec celui du vin. Or la fermentation a pour effet physique de déterminer une diminution rapide de densité : donc les constatations opérées sur échantillons, dans les bureaux de la régie après un mouvement de fermentation inévitable, ne peuvent être que très-suspectes d'inexacti-

tude ; elles n'ont pas, en tous cas, un degré de certitude suffi-
sant pour servir de base à une réglementation obligatoire et
coërcitive.

Il n'y a qu'*un moment* pour faire sûrement les constatations dont il s'agit ; c'est lorsque le moût est ramené sous l'action de l'air libre ou par des moyens artificiels, au degré de
température déterminé pour la mise en levain, et c'est *sur
place* qu'elles doivent être opérées : après ce moment écoulé,
il est trop tard : on n'obtient plus que des données inexactes,
et c'est le cas de l'administration des contributions indirectes, au moins dans les circonstances précitées.

Deuxième observation.

Nous venons d'exposer les difficultés de la brasserie dans
la fabrication de la petite bière, sous un régime qui ne laisse
au brasseur qu'une latitude insuffisante dans la préparation
de son moût ; elles ne sont pas moindres et elles peuvent
avoir des effets plus désastreux encore, lorsqu'il s'agit de bière
à basse fermentation ; pour celle-ci, le maximum de densité
doit être porté à 7°,5 au moins.

Quelques explications sont indispensables.

Les bières à fermentation basse sont, comme nous l'avons
déjà dit, de deux sortes :

1° La bière jeune, produit d'un moût accusant 6°,5 à 7°.

2° La bière de conserve,　　　—　　　　—　　　de 7° à 7°,5 (1).

Remarquons d'abord que ce n'est pas le goût du consom-

---

(1) Composition des bières jeunes :

  Malt............　28 à 30 kilogrammes par hectolitre.
  Houblon........　400 à 450 grammes　　—

Composition des bières de conserve :

  Malt..,..........　32 à 36 kilogrammes par hectolitre.
  Houblon........　500 à 800 grammes　　—

Ces proportions varient suivant le temps présumé que la bière doit rester en
cave.

mateur qui oblige le brasseur à fabriquer de la bière de conserve, mais la nécessité de tenir en magasin un grand appro-
visionnement de ces produits pour la saison d'été, époque à
laquelle il est impossible de fabriquer assez de bière jeune
pour suffire aux besoins de la consommation; et d'ailleurs, il
arrive un temps, de juillet à septembre, par exemple, où la
température et sans doute aussi des influences atmosphé-
riques particulières à cette saison, compromettent et rendent
très-incertaine la réussite des brassins. C'est alors que la
bière de conserve vient en aide au brasseur ; mais le consommateur, en présence d'un produit plus corsé, n'en regrette
pas moins la bière jeune, bien plus moelleuse, plus sédui-
sante, ayant plus de montant, parce qu'elle possède encore
une partie de ses substances sucrées, non décomposées, que
relève par un piquant très-agréable une plus grande quantité
d'acide carbonique. Dans cette comparaison de la bière de
conserve avec de la bière jeune, nous ne visons, bien entendu, que des produits de parfaite conservation. Et si le
brasseur, comme malheureusement cela n'arrive que trop
souvent, après avoir engagé tant de capitaux, comptant pour
les jours difficiles sur une bière parfaite, ne trouve au contraire qu'une bière aigre, impropre à tout usage, quelle ne
sera pas sa déception et comment pourra-t-il racheter les
conséquences de ce sinistre ? Les pays d'en deçà ou d'au-delà
du Rhin, nous dira-t-on, ont-ils donc le privilége de n'avoir
que des produits inaltérables ? Non, sans doute ; mais leurs
chances d'altération sont infiniment moins grandes. A quoi
cela tient-il ? Il y a des causes qui sont restées encore incon-
nues, mais il en est au moins une qui ne fait doute pour aucun praticien : c'est la différence des conditions climatériques, les pays d'au-delà de nos frontières de l'Est étant
beaucoup mieux placés que la France pour produire écono-
miquement le froid, c'est-à-dire, pour emmagasiner la glace
et la faire servir jusqu'à profusion, d'abord à la fabrication
puis à la conservation de la bière.

C'est dans le même ordre d'idées qu'il faut se placer afin

d'expliquer pourquoi les bières allemandes, quoique fabriquées avec moins de matières premières que les bières françaises, paraissent cependant plus flatteuses au goût et plus
fortes.

La situation de la brasserie française serait donc d'être
forcée de faire une plus grande consommation de malt et de
houblon, de courir le risque d'une surtaxe, et de se trouver
en présence de produits rivaux étrangers plus recherchés
par des raisons spécieuses ou réelles, et, en outre, à l'abri de
toute éventualité de surtaxe, lors de leur entrée sur le territoire français.

Le dernier paragraphe de l'art. 4 du projet de loi admettant
la possibilité pratique d'apprécier sur échantillons de bières
fermentées, la densité originelle de leur moût, vise, nous a-
t-on dit, les bières étrangères ; mais c'est tout simplement
une illusion, disons plus, une utopie.

D'abord il est plus que douteux que les traités internatio-
naux se prêtent à une application de la surtaxe dans les circonstances sous-entendues du projet. Laissant de côté les
bières anglaises, dont la force alcoolique est bien supérieure
à toutes les autres bières du continent, mais dont nous n'a-
vons pas à nous préoccuper parce qu'elles ne font point une
concurrence sérieuse aux bières françaises, nous ne devons
pas perdre de vue que les autres bières importées sont assujetties, en entrant en France, au droit de douane de 2 fr. (1),
plus au droit de fabrication auxquels sont soumises les
bières françaises analogues, c'est-à-dire, de 3 fr. 75, tel qu'il
est inscrit au frontispice de la loi nouvelle, et qu'il résulte
d'ailleurs des lois antérieures combinées. Et parce que cer-

---

(1) Par son vote du 20 juillet 1872, l'Assemblée nationale a élevé à 7 francs le
droit de douane sur les bières importées ; mais ce vote est inappliqué et restera
inapplicable au moins jusqu'au 1er juillet 1877, époque à laquelle expireront nos
traités de commerce avec l'Italie et l'Autriche, dont profite l'Allemagne, en vertu du
droit qui lui a été réservé d'être traitée comme la nation la plus favorisée. Rien de
moins certain, comme on le voit, que l'application de ce droit, même après 1877,
puisqu'il dépend des nouveaux traités de commerce à intervenir.

tains brasseurs français seront accidentellement exposés à payer par degré une surtaxe de 0 fr. 75, est-ce assez pour être autorisé à rechercher si les bières présentées à la frontière par l'étranger, ne seraient pas le produit d'un moût de densité supérieure à la densité réglementaire de la loi française, et, si on osait le tenter, aurait-on les moyens d'arriver à une démonstration exempte de difficultés et de réclamations?

Nous répondons hardiment par la négative, et comme cette question de densité est nouvelle et d'une importance capitale, principalement pour la brasserie qui se livre à la fabrication des bières à fermentation basse, il est nécessaire d'expliquer avec quelques détails sur quelles considérations repose notre affirmation.

Si la bière est jeune, une analyse bien faite permettra de reconstituer par la méthode relativement très-simple dont nous donnons plus loin (1) la formule, la densité originelle du moût; mais la bière en cet état d'extrême jeunesse ne se trouve jamais en circulation; la méthode n'a pas chance d'être appliquée utilement.

Si la bière est âgée, comme celle dite de conserve, il sera impossible de retrouver exactement cette densité.

Examinons ce produit à ces deux périodes bien distinctes de son existence, alors qu'il sort des cuves à fermentation, et après plusieurs mois de fabrication, quelquefois après dix mois, c'est-à-dire à l'extrême limite de sa durée.

Dans le premier cas, on la trouve composée, comme nous l'avons dit, d'alcool, de sucre, de dextrine, de matières azotées qui n'ont pas encore eu le temps de former des combinaisons et de donner naissance à d'autres produits; l'analyse chimique et même l'essai densimétrique permettraient, au besoin, de reconstituer jusqu'à un degré d'approximation suffisante, la densité originelle du moût.

Dans le second cas, les matières azotées formées en grande

---

(1) Voir l'Annexe C.

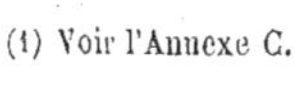

3

partie de gluten, ont disparu complètement par suite d'une combustion lente (1) qui s'opère dans la masse même de la bière ; elles se sont transformées en acide carbonique et en lie qui tombe au fond du foudre et qui en est ensuite éliminé ; elles ne laissent aucunes traces au moyen desquelles on puisse constater qu'elles existaient en proportion déterminée dans la composition originelle du moût, ni quel rôle elles ont pu jouer dans sa pesanteur spécifique.

A la note ci-après, qui indique d'une manière sommaire la suite des opérations nécessaires pour déterminer la densité originelle d'une bière fermentée, nous devons ajouter que nous entendons qu'il s'agit d'un produit qui ne contient point d'acide acétique : autrement, ce serait une nouvelle cause d'inexactitude dans le résultat de l'opération : l'acide acétique distille avec l'alcool et vient, par conséquent, fausser les évaluations de l'alcoomètre. Or, si l'acide acétique manque généralement dans les bières jeunes, il se trouve inévitablement en plus ou moins grande quantité dans les bières de conserve. Il faudra donc que le chimiste, — ce qui n'est pas impossible, mais ce qui est fort délicat, — isole l'acide acétique et se livre nous ne savons à combien d'opérations auxiliaires pour arriver à une conclusion ; et quelle sera la sanction utile de cette conclusion ?

Ainsi deux situations bien inégales pour le brasseur français et pour l'importateur de bières étrangères : les produits du premier passant par l'épreuve densimétrique, alors qu'ils sont en possession de tous les éléments constitutifs de l'extrait de malt et qu'il suffit d'une opération physique des plus simples pour en déterminer la valeur ; ceux du second ayant échappé à cette épreuve et ne pouvant plus être soumis qu'à une analyse chimique dont les résultats sont infirmés d'avance, puisque, de cette analyse, on ne peut remonter que

---

(1) C'est le phénomène de combustion lente sous l'influence de l'air que Liebig a désigné sous le nom d'*hérémacausie*.

pour une partie seulement, à la détermination des substances qui constituaient le moût à son maximum de densité ; pour l'un, en un mot, toutes les chances de la surtaxe ; pour l'autre, aucune.

Voilà la portée du dernier paragraphe de l'art. 4 du projet de loi : c'est un véritable engin de guerre, s'il était permis de se servir de cette expression, contre la brasserie française, au profit de la brasserie étrangère.

Au point de vue pratique, notre objection est aussi concluante que possible ; il est importé, en effet, dans une année, plus d'un million de fûts de bière allemande ou autrichienne : nous nous demandons comment on pourrait procéder, nous ne disons pas à l'analyse, mais seulement à un essai densimétrique de ce produit, qui entre en France non d'une façon régulière, mais en proportion quatre fois plus grande en été qu'en hiver.

Troisième observation.

L'invasion des bières allemandes ayant pris depuis quelques années une grande extension, a entraîné avec elle une sorte de révolution dans la manière de procéder en France, aussi bien à la *fabrication* qu'à la *fermentation*. Nous nous sommes expliqués, un peu prématurément, parce que les besoins de la discussion l'ont exigé, sur cette dernière opération. Il nous reste à dire quelques mots de la première, qui aurait dû venir en première ligne : il y a deux modes de fabriquer, l'un *par infusion*, l'autre par *décoction*.

Le premier, à l'exception des départements du Nord de la France qui y restent fidèles, n'est plus guère usité ailleurs : le nom qu'il porte indique suffisamment en quoi il consiste : il semble particulièrement favorable à la production de l'alcool.

Le second, qui est d'origine allemande et qui mérite d'être généralisé, se distingue principalement du précédent, en ce que l'on fait bouillir une partie du malt pendant un temps plus ou moins long, afin d'en retirer, indépendamment du sucre, des matières gommeuses non encore définies, dont procèdent le moelleux et la finesse des bières allemandes. La présence de ces substances ajoute beaucoup à la densité des moûts, mais rien absolument à la force alcoolique des bières. Comme l'on estime les moûts surtout en vue de l'alcool à produire, il importe que le brasseur, lorsqu'il en règle les proportions, ne soit pas retenu en suivant un mode de fabrication de préférence à l'autre, par la crainte de dépasser le maximum de densité fixé par la loi, et que par cette raison, il repousse le meilleur système de fabrication uniquement parce qu'il présente plus de chances de surtaxes.

Quatrième observation.

Nous avons dit plus haut qu'il n'y avait, pour soumettre le moût de bière à l'essai du densimètre, qu'un moment favorable de très-courte durée : c'est lorsqu'il est extrait des bacs refroidissoirs ou des réfrigérants, et alors qu'il est ramené au degré du thermomètre indiqué pour la mise en levain. Si ce liquide n'était pas susceptible de se modifier par le refroidissement, on pourrait le prendre au sortir de la chaudière, alors que sa température est encore très-voisine de 100°, sauf à corriger les données au moyen de tables dressées en conséquence ; mais il n'en est pas ainsi : parfaitement limpide lorsqu'il coule de la chaudière sur les bacs, il ne tarde pas à laisser voir dans sa masse, à mesure qu'il se refroidit, des parties floconneuses formées de plusieurs substances, entr'autres d'albumines et d'empois combinés avec l'acide tannique du houblon. C'est de ces parties floconneuses que se compose le dépôt qui reste au fond des bacs en quantité relativement grande. Quand elles étaient en dissolution dans le liquide, elles en augmentaient assurément la densité dans une proportion très-appréciable : il n'est donc pas indifférent de prendre le moût avant ou après ce dépôt pour le soumettre à l'épreuve du densimètre, et lorsque nous demandons que cet essai n'ait lieu qu'après, nous avons pour cela d'excellentes raisons.

Cinquième observation.

Une dernière considération en faveur des maximums de 3°,5 et 7°,5 à insérer dans la loi, est tirée de la nature même des eaux employées en brasserie. Ces eaux sont de composition bien différente suivant les localités : elles sont plus ou moins chargées de sels ou d'autres substances qui agissent sur leur densité. Quelles sont les meilleures pour la brasserie? Les opinions sont partagées : les uns pensent que ce sont les eaux douces; d'autres, comme les anglais, prétendent que ce sont celles qui sont saturées de sulfate de chaux. En tous cas, eaux douces ou eaux dures, elles sont très-différentes, sous le rapport de la densité, de l'eau distillée à laquelle on rapporte les données du densimètre. Il n'est pas possible d'établir une table de correction donnant la mesure des matières surchargeant les eaux employées en brasserie, mais il est évident que la densité des moûts de bière n'est pas le produit exclusif des matières qui sont entrées dans leur composition, et que les eaux y ont apporté un notable contingent. Il est donc de toute équité que la loi en tienne compte dans celles de ses dispositions qui fixent la limite au delà de laquelle le brasseur ne pourra élever sans surtaxe la force de ses moûts.

Résumons ce que nous venons de dire avec certains détails, à l'appui de la demande des brasseurs ayant pour objet la fixation des maximums à 3°,5 pour la petite bière, et à 7°,5 pour la bière forte :

1° L'application de la loi de 1816, qui règle l'ordre des trempes, ne permet pas de limiter à 7° le moût de la bière forte, et à 3° les trempes de lavage.

2° Celles-ci ne donnent qu'une quantité insuffisante de

sucre, à laquelle il faut ajouter des matières saccharifères : les expériences de l'administration sur ce point sont erronées :

3° La densité de 7° suffit pour les bières fortes du Nord, et celles de fermentation dites bières jeunes ; mais elle est trop faible pour les bières de conserve : elle exposerait à la surtaxe le brasseur qui fabrique cette dernière en vue de faire concurrence aux bières allemandes, tandis qu'il y a impossibilité d'atteindre celles-ci par la surtaxe, quelle qu'ait été la densité originelle de leur moût ;

4° La méthode de saccharification *par décoction* donne des moûts plus lourds que *par infusion* et des bières plus distinguées sans être plus alcooliques : c'est une méthode à propager, mais la brasserie ne lui ferait que mauvais accueil, si elle avait à courir de plus grandes chances de surtaxe, faute d'une latitude suffisante pour se mouvoir ;

5° L'essai densimétrique des moûts doit être fait, non quand ils sortent des chaudières, ce qui donnerait des résultats trop forts, mais après un certain temps de repos, et alors qu'ils sont ramenés à la température convenable à la mise en levain.

6° Les eaux employées dans les brassins y abandonnent des substances qui leur sont propres, qui ajoutent à la densité des moûts et dont il y a lieu de tenir compte dans l'évaluation du maximum.

Si nous attachons un si grand intérêt à obtenir la densité de 3°,5 et de 7°,5, nous ne prétendons pas que l'administration soit sans quelques motifs sérieux, en apparence du moins, de la réduire à 7° et 3°. Voici comment elle raisonne : En accordant les maximums demandés par la brasserie, la moyenne, qui est de $\frac{3°,5 + 7°,5}{2} = 5°,5$, donne une densité raisonnable pour une bière forte : les brasseurs pourront après l'entonnement faire des mélanges qui priveront le Trésor d'une partie de ces droits, car ces mélanges n'auront payé que $\frac{1.25 + 3.75}{2} = 2$ fr. 50 par hectolitre, au lieu de 3 fr. 75, d'où une perte de 1 fr. 25.

Ce calcul est exact, mais en théorie seulement. Nous avons dit que les maximums étant de 3°,5 et 7°,5, le brasseur ne se risquerait jamais à dépasser 3° et 7°; sa moyenne serait donc de $\frac{3+7}{2} = 5°$, suffisante peut-être pour les bières du Nord qui se vendent 14 fr. l'hectolitre, mais non pour les bières de plus haut prix et pour celles façon Strasbourg.

En fait, et c'est toujours le fait qu'il faut voir, avec les maximums de 3°,5 et 7°,5, il y aura trois sortes de bières, savoir :

1° La petite bière, payant 1 fr. 25 d'impôt et se vendant 10 fr. l'hectolitre à peu près;

2° La bière moyenne, qui est celle du nord de la France, payant en moyenne 2 fr. 50 et se vendant 14 fr. l'hectolitre;

3° Et la bière façon Strasbourg, au droit de 8 fr. 75 et se vendant de 28 à 35 fr., en raison de la qualité des matières employées et suivant qu'il s'agit de bière jeune ou de bière de conserve.

Quoi de plus juste? nous ne voyons pas qu'on puisse opposer à cela une objection de quelque valeur.

Art. 5.

Tout excédant à la contenance brute de la chaudière est saisi. Un excédant de plus du dixième suppose, en outre, la fabrication d'un brassin non déclaré, et le droit est perçu en conséquence, indépendamment de l'amende encourue.

Tout excédant à la quantité déclarée imposable par l'art. 3 de la présente loi, est soumis au droit lorsqu'il dépasse 5 0/0 de cette quantité, soit qu'on le constate sur les bacs ou à l'entonnement.

Nous ne ferons aucune objection au premier paragraphe de l'art. 5.

Quant au second, qui a pour objet de réduire de 10 à 5 0/0 l'excédant non imposable, l'assemblée générale des brasseurs a été unanime à le considérer comme une modification malheureuse des lois anciennes.

Voici comment cette réduction est justifiée dans l'exposé des motifs, page 11 :

« La seule modification de quelque importance qui ait été
» apportée sur ce point à la dernière législation, consiste
» dans l'abaissement de 10 à 5 p. 0/0 de l'excédant non impo-
» sable toléré pour couvrir les déperditions postérieures à
» l'entonnement. La tolérance de 10 p. 0/0 pouvait se justifier
» autrefois par l'état défectueux de l'outillage des brasseries ;
» mais par suite des améliorations réalisées à cet égard et des
» simplifications apportées dans les diverses manipulations
» qui suivent le guillage, les déperditions de toute nature
« qui se produisent dans les magasins sont beaucoup plus
» restreintes que par le passé, et il est permis de considérer
» comme suffisante pour couvrir ces déchets, une allocation
» de 5 p. 0/0 dont la quotité avait déjà été admise par l'art. 96
» de la loi du 8 décembre 1814. »

Nous avouons que nous avons beaucoup de peine à comprendre comment les perfectionnements apportés dans l'outillage, correspondant aussi sans doute à une plus grande
perfection de produits, aurait pu diminuer les causes de déchet : c'est le contraire qu'il aurait fallu dire. La nécessité
pour le brasseur de produire des bières irréprochables de
limpidité, est une cause de déperdition, car on n'obtient
point cette limpidité sans avoir éliminé du liquide les matières susceptibles de le troubler, et cela ne peut se faire
qu'aux dépens de son volume.

Si l'on disait à ceux qui ont l'habitude de manipuler les
vins, que les nombreux soutirages qu'on en fait pour en assurer la conservabilité, aboutissent à diminuer les déchets,
ils en seraient sans doute bien étonnés : ils se résignent
par les soutirages répétés à diminuer chaque fois le volume
de leur produit, pour l'avoir plus parfait : voilà le fait, et
les choses ne se passent pas autrement dans l'indutrie des
brasseurs.

Les bières de fermentation haute sont assujetties à une
moindre déperdition que celles de fermentation basse, parce
qu'elles subissent moins de soutirages, mais assurément cette
déperdition est proportionnelle au perfectionnement du pro-

duit; c'est dire qu'elle est aujourd'hui plus grande qu'autrefois.

Quant aux bières de fermentation basse, elles ont besoin de quatre soutirages au moins, le premier lorsqu'elles sortent de la cuve guilloire; le second en sortant des cuves à fermentation ; le troisième en passant des foudres de dépôt où elles séjournent de huit à quinze jours, dans les foudres où s'opère la fermentation dite ultérieure, et où elles achèvent de s'éclaicir ; le quatrième enfin, alors qu'il s'agit de les faire passer dans les fûts d'expédition.

Comme ces bières ne sont pas collées, et qu'il faut qu'elles s'éclaircissent naturellement, ainsi que le faisaient les anciennes bières de fermentation haute, chaque soutirage doit être fait avec une grande précaution, en sacrifiant beaucoup de bière et en abandonnant au fond des foudres des dépôts considérables.

Voici, du reste, comment l'on peut déterminer l'importance de ces déchets :

Fermentation.	5 0/0
Trois soutirages à 2 0/0 chaque.	6 0/0
Evaporation, les cuves et les foudres restant ouverts pendant une période de 10 mois.	2 0/0
Fuites par les fûts, accidents, échantillons à traiter de temps en temps.	2 0/0
Total.	15 0/0

Les fonds de foudre provenant des soutirages sont recueillis dans un foudre spécial, puis décantés ou filtrés, et enfin mélangés avec de la bonne bière pour la consommation des ouvriers de l'établissement.

Il s'ensuit donc que le brasseur ne doit pas compter, pour la vente de la bière de fermentation basse, sur plus de 85 0/0 de la quantité entonnée, et c'est en effet là-dessus que ses calculs sont établis.

4

En résumé, il serait juste, si la distinction pouvait être pratiquement appliquée, de laisser à 10 0/0 la bonification accordée au brasseur pour la bière de fermentation haute, et
de la porter à 15 0/0 pour celle de fermentation basse.

Art. 6.

Le produit de chaque brassin doit être retiré séparément de la chaudière et
porté dans les bacs refroidissoirs ou dans les réfrigérants, en une seule fois sans
interruption. Les décharges partielles sont défendues.

A partir du moment où les bières fortes ou petites sont retirées des chaudières, il est interdit aux brasseurs d'en accroître le volume avec toute autre
espèce de liquide, même au moyen d'une addition d'eau.

Après comme avant l'entonnement, toutes les bières fabriquées restent soumises au contrôle et à la surveillance du service de la régie jusqu'au moment
où elles sont livrées à la consommation.

Le produit de chaque brassin doit être entonné séparément. Les brasseurs ne
peuvent opérer le mélange des bières que vingt-quatre heures après l'entonnement. Ils ne peuvent les enlever de leurs magasins qu'après fermentation et
au plus tôt trois jours après l'entonnement.

Toute quantité dont l'existence en magasin ne peut être justifiée est considérée comme provenant d'une fabrication clandestine ; elle est saisie et soumise,
quelle qu'en soit la qualité, au tarif de la bière forte.

Rien à dire du premier paragraphe qui n'est qu'une trans-
position d'une disposition prise ailleurs.

Le quatrième paragraphe de l'article 6 n'existait point dans
le projet primitif : il n'y a guère à se féliciter de ce nouveau
venu en celles de ses dispositions qui exigent un délai de
vingt-quatre heures après l'entonnement pour jouir de la
faculté de *mélanger* des bières, et de trois jours au moins
pour pouvoir les enlever des magasins.

Quand il y a quelques avantages à mélanger des bières,
c'est avant la fermentation que cela doit se faire, afin que par
l'acte même de cette fermentation l'assimilation des liquides
mélangés s'accomplisse ; après, il n'y a plus de chance que
pour un composé résistant à tous les moyens de clarification
et destiné à une fin malheureuse ; personne n'ignore cela
en brasserie ; l'on se garde bien de commettre de pareilles
fautes.

La disposition qui ne permet l'enlèvement des bières qu'après la fermentation et, au plus tôt, trois jours après l'entonnement, est inconciliable avec les nécessités où se trouvent la plupart des brasseurs, dans diverses circonstances, et notamment dans les deux cas suivants :

1° Lorsqu'il s'agit de fermentation basse et que les caves à fermentation du brasseur sont situées à une distance plus ou moins grande de son établissement de fabrication, souvent à plusieurs kilomètres et dans une autre commune.

2° Lorsque, dans le cours de l'été, la fabrication des bières de fermentation haute ne suffit point à la demande, et que de 24 à 36 heures après l'entonnement, ces bières sont livrables et effectivement livrées ; empêcher le brasseur de profiter de ces circonstances, ce serait presque le frapper d'interdiction dans le seul moment où il a chance de se tirer d'affaire.

Le quatrième paragraphe est donc à supprimer.

Nous arrivons maintenant à l'examen des autres paragraphes de l'art. 6, reproduits du projet primitif.

La loi de 1816 limite à l'entonnement le contrôle de la fabrication par les employés de la régie ; le brasseur dispose ensuite, comme il l'entend, de ses produits ; c'est ainsi que se trouve légalement reconnue la liberté du commerce des bières, qui est l'un des termes de la devise de la brasserie.

Ce n'est pas légèrement que cette liberté a été reconnue : les circonstances dans lesquelles la France se trouvait en 1816, ont une analogie frappante et douloureuse avec celles du temps présent : il s'agissait alors, comme il s'agit encore aujourd'hui, de réparer les désastres causés par des guerres malheureuses et de découvrir les sources où l'Etat pourrait puiser les moyens de réparer ces malheurs (1). C'est dans l'industrie et le commerce qu'il les a trouvées, et, par-dessus tout, dans le commerce des boissons. La loi de 1816, qui en est le véritable code, a traité assez sévèrement le commerce

---

(1) Ajoutons que l'année 1816 a été la plus malheureuse du siècle sous le rapport des récoltes.

de tous les articles de ce genre autres que la bière; ces sévérités ont été en grande partie adoucies avec le temps, mais non au profit d'une plus grande liberté. La législation relative à la bière a été retouchée plusieurs fois depuis, mais en aucun temps pour en gêner la libre circulation. Le législateur avait ses raisons pour en agir ainsi : ces raisons subsistent toujours : ce sont celles qui nous font repousser l'art. 6 du projet de loi et que nous allons exposer.

L'administration est dans son droit lorsqu'elle cherche les moyens d'empêcher les accroissements de volume de la bière reconnue à l'entonnement, en tant que ces accroissements s'opèrent au préjudice du Trésor; c'est à cette idée qu'elle obéit, lorsqu'elle propose de donner au service de la régie, la faculté de continuer, pour ainsi dire, indéfiniment son contrôle et sa surveillance sur les bières fabriquées; mais elle ne tient aucun compte de la nature du produit et le traite à l'égal des autres boissons, comme s'il se comportait de la même façon.

Les accroissements de volume peuvent résulter de deux causes distinctes :

1° De brassins faits sans déclaration;

2° D'allongement de brassins déclarés.

Nous ne prendrons pas la défense des fraudeurs qui font de la bière clandestinement; on sait ce que nous en pensons : ce sont les pires ennemis de la brasserie.

Mais nous devons dire que l'administration nous paraît devoir être suffisamment armée contre ce genre de fraude, par la mise en pratique de l'exercice de jour et de nuit, exercice véritablement illimité, que les établissements soient ou non en activité, et par l'apposition des scellés sur les chaudières, alors que ces établissements sont au repos. L'assemblée générale des brasseurs s'est résignée à ne point combattre ces mesures, si excessives qu'elles lui ont paru, afin que le service de la régie ne pût se prétendre impuissant devant la fraude; si elle lui échappe désormais, ce ne sera vraiment pas la faute de la législation.

Reste la question des allongements de brassins : ils ne peuvent avoir lieu que de trois manières :

1° Par addition d'eau, avant la fermentation, à des moûts concentrés ;

2° Par addition d'eau et de substances saccharifères, également avant la fermentation, à des moûts de densité ordinaire;

3° Par addition d'eau après la fermentation à des bières prêtes à être livrées.

Examinons chacun de ces cas et leurs effets pratiques.

Premier cas. — Est-il un brasseur qui sous l'empire de la loi de 1816, avec toutes les facilités que cette loi lui donnait, ait jamais songé à fabriquer des moûts concentrés pour avoir la faculté de les allonger ultérieurement ? nous ne le pensons pas ; il y avait, à opérer de cette façon, plus à perdre qu'à gagner, et c'était bien assez pour le déterminer à s'abstenir.

A Paris même où le taux excessif de l'octroi, 15 fr. par hectolitre, pousse le brasseur à allonger ses brassins, ce n'est pas ainsi qu'il a dû s'y prendre.

Fabriquer des moûts concentrés, c'est employer plus de malt et moins d'eau que dans le travail ordinaire ; or, ceci n'est ignoré d'aucun brasseur ; du moment qu'on s'éloigne des proportions consacrées par la science pratique et qu'on diminue l'eau, la saccharification s'opère mal, le rendement du malt en extrait diminue considérablement aussi.

Si l'on veut obtenir la concentration du moût par une ébullition prolongée, la bière acquiert un goût d'âcreté qui la fait repousser du consommateur.

D'ailleurs, le densimètre sera là pour faire justice, s'il y a lieu, des exagérations plus ou moins intelligentes du brasseur.

Deuxième cas. — C'est le seul procédé vraiment praticable; dans certaines brasseries, les allongements par addition d'eau, de glucose ou de toute autre substance saccharifère, se font sur une assez large échelle, quand il est devenu impossible de suffire autrement aux besoins que ramènent tous les ans, pour une période toujours trop courte, les chaleurs de l'été; mais il ne s'agit ici que de petites bières, les autres qualités ne se prêtant sous aucun rapport à cette manipulation, à cause du goût particulier qui lui est communiqué par les sucres additionnés et notamment par la glucose. Très-saines, d'ailleurs, très-salutaires et même très-agréables, ces bières sont à la portée, par leur bas prix, des ouvriers des campagnes et des villes; elles ne peuvent être fabriquées d'avance parce que, à raison de leur faiblesse alcoolique, elles ne sont pas susceptibles d'une longue conservation. Les brasseurs qui les fabriquent sont loin d'avoir des chaudières d'une capacité suffisante pour produire d'un seul jet par les procédés réguliers, les quantités correspondant aux demandes, quand il y a presse, et, d'un autre côté, il y a toujours une double considération d'économie qui retient le brasseur de donner à sa chaudière une capacité démesurée; car la dépense très-grande relativement, que nécessite l'établissement de ces ustensiles, croît en proportion géométrique de leur capacité, et la patente qui vient ensuite frapper l'industrie, s'élève aussi dans la même proportion, puisqu'elle est réglée d'après cette même capacité brute, sans la moindre bonification.

Telle est la nécessité des allongements de brassins dans les circonstances ci-dessus décrites.

A Paris, la petite bière est vis-à-vis de l'octroi dans une situation très-délicate; l'octroi, qui est de 15 fr. par hectolitre, sans distinction de qualité, n'est évidemment pas appliqué à cette nature de boissons, car c'est tout au plus le prix que le consommateur débourse pour la même quantité rendue chez lui; mais l'administration ne l'a jamais ignoré et n'a pris aucune mesure, dans aucun temps, pour faire que les choses se passent autrement. Autrement! ce serait provoquer l'abandon d'un produit qui rend de grands services à une partie très-intéressante de la population parisienne et que ne remplacerait aucun autre d'usage aussi salutaire; de plus, la ville y perdrait les droits sur les sucres employés à la fabrication de ce produit.

Les autres villes de France, assujetties à l'octroi, sont dans une situation analogue. En résumé, la suppression des allongements de brassins entraînera la suppression de la petite bière, *en partie* dans les campagnes et *en totalité* dans les villes.

Cette considération mérite de fixer l'attention du législateur.

Mais est-il bien certain que le Trésor ait un intérêt si grand à défendre les allongements de brassins ?

Prenons deux types de bière, de la forte à 6°, 5 et de la petite à 3°, qui correspondent à deux qualités du prix moyen de 30 fr. et de 15 fr.: ils doivent rapporter au Trésor 3 fr. 75 et 1 fr. 25.

Supposons qu'il y ait allongement de brassin pour chacune de ces qualités et que le brasseur ait pu les porter de 20 à 40 hectolitres respectivement, par une addition convenable de glucose (1).

La glucose paie un droit de 11 fr. 44 c. par 100 kilogrammes, sa densité est de 0.277 au-dessus de 100; donc 1 hectolitre de glucose pèse 127 kilog. 7, l'eau distillée pesant 100.

Si cet hectolitre de glucose était du moût, il accuserait au densimètre 27°,7; pour le ramener à 6°,5, il faudra l'allonger d'eau dans la proportion de $\frac{6°,5}{27.7}$, ce qui revient à dire que le poids de sirop nécessaire pour composer un moût de 6°,5 est $127.7 \times \frac{6°,5}{27.7} = 30$ kilogrammes.

Les droits à payer au Trésor sont $\frac{30^k \times 11.44}{100}$, ou 3 fr. 43.

Si le brasseur, au lieu de se contenter d'un allongement, avait déclaré sa bière, il aurait payé 3 fr. 75. — Différence : 0 fr. 32.

---

(1) Nous faisons remarquer de nouveau que les opérations d'allongement ne peuvent être faits qu'avec du sucre, et que c'est la glucose à 33° Baumé qui est la substance sucrée la plus économique.

Croit-on qu'un brasseur soit assez inintelligent pour chercher à économiser 0 fr. 32 par hectolitre de bière fabriquée au moyen d'un *allongement de brassin* et assurément moins bonne que celles qu'il aurait pu faire après *déclaration* et avec du malt? Evidemment non.

Il est donc démontré qu'il n'y a aucun intérêt à allonger les bières fortes, et c'est une démonstration qu'il importe de retenir.

Dans un tableau que l'on trouvera plus loin, on verra qu'en dehors de la question de droits, le prix de revient d'une bière allongée est toujours plus élevé que celui d'une bière déclarée.

Quant à la quantité de glucose nécessaire à la fabrication d'une petite bière à 3°, on l'obtiendra au moyen de la formule $127.7 \times \frac{3}{27.7} = 13.82$.

L'Etat percevra donc en droits :

$$\frac{13.82 \times 11.44}{100} = 1 \text{ fr. } 58, \text{ au lieu de 1 fr. 25.}$$

Boni pour le Trésor : 0 fr. 33.

On trouvera en outre, par le calcul, que pour obtenir du sirop un droit de 1 fr. 25, égal à celui que paie la bière déclarée, il faut en employer 10 kil. 92 par hectolitre, ce qui correspond à un moût de 1°,94, ou sensiblement 2°; mais comme cette densité est déjà insuffisante, et qu'il n'est pas à craindre dès lors que le brasseur la réduise, les droits du Trésor ne peuvent être mis en péril par les allongements de brassins.

Il nous reste à faire la comparaison du prix de revient de la bière obtenue à la suite de déclaration et par allongement.

Nous admettons :

1° Que l'orge vaut 22 fr. les 100 kilogrammes, ce qui est le prix moyen des dix dernières années; il faut y ajouter 5 fr. pour les frais de germination ou de maltage, et en retrancher 4 fr. pour la valeur de la drèche; reste donc : 23 fr.

2° Que le sirop de glucose à 33° vaut 32 fr. les 100 kilogrammes, ce qui est au-dessous de la moyenne de la même période : le produit est en outre frappé d'un impôt de 11 fr. 44 c. par 100 kilogrammes.

3° Qu'il faut 36 kilogrammes d'orge pour faire de la bière à 6°,5 du densimètre, ce qui fait environ 5 kil. 69 par hectolitre et par degré (1).

Prix de revient comparatifs.

BIÈRE DÉCLARÉE.   BIÈRE ALLONGÉE.

Densité du moût 6°,5.

BIÈRE DÉCLARÉE		BIÈRE ALLONGÉE	
Droits de fabrication	3.75	Droits sur les glucoses, 30 × 11.44	3.43
Orge, 5ᵏ,69 × 6°,5 × 23	8.50	Glucose à 33°, 30 k. × 32	9.60
	12.25		13.03

Densité du moût 3°.

BIÈRE DÉCLARÉE		BIÈRE ALLONGÉE	
Droits de fabrication...........	1.25	Droits sur 13ᵏ,82 glucose	1.58
Orge, 5ᵏ,69 × 3 × 23	3.92	Glucose à 33°, 13.82 × 32	4.42
	5.17		6.00

Ce tableau démontre que dans le cas de bière forte à 6°,5 allongée,

Le Trésor perd .... 0 fr. 32.
Le brasseur perd 0   78.

Dans le cas de petite bière à 3° allongée,

Le Trésor gagne .... 0 fr. 33.
Le brasseur perd 0   83.

---

(1) M. Jacquème donne, page 8 de son rapport, un tableau qui indique les quantités respectives d'alcool produites par les substances susceptibles d'être employées en brasserie ; ce tableau est inexact, comme nous le démontrons Annexe A.

Voir aussi Annexe D l'étude de M. Aimé Girard sur les diverses qualités des bières et sur leur force alcoolique respective.

En présence de ces faits incontestables, et alors que la glucose paie un impôt de 11 fr. 44 par 100 kilogrammes, il semble bien difficile de soutenir désormais que les allongements de brassins soient si avantageux pour le brasseur et si défavorables pour le Trésor.

Il est démontré, au contraire, que ces allongements ne sont que des expédients profitables seulement aux brasseries des grandes villes comme Paris, et qu'il est de l'intérêt du brasseur de n'y avoir recours qu'autant qu'il y a impossibilité absolue de suffire aux besoins de la consommation par les voies régulières.

L'administration n'a aucun motif sérieux de s'en préoccuper, ni de mettre fin à des habitudes qui ne pourraient être troublées qu'aux dépens du Trésor.

Troisième cas. — Allongement après fermentation. — Les allongements de bière fermentées ne pourraient avoir lieu que dans le but de transformer des bières fortes en petites bières : supposons qu'une bière qui a payé 3 fr. 75 en droits, soit additionnée de deux fois son volume : il s'en suit un volume triple qui paierait en réalité pour le tiers de ce volume 1 fr. 25, droit appliqué à la petite bière ; le Trésor n'en éprouverait donc aucun préjudice.

D'ailleurs, ces allongements ne sont pas à craindre, par la raison qu'ils n'auraient qu'un effet certain, ce serait de faire repousser de tout consommateur, la boisson fade et insupportable qui en résulterait. La bière, même la plus alcoolique, *ne souffre pas l'eau ;* tout le monde peut en faire l'expérience.

Quant aux sophistications qui altéreraient la bière tellement que l'usage en deviendrait nuisible à la santé, c'est affaire de la loi pénale ; il n'est pas nécessaire de s'en occuper ici, et ce n'est pas chez le brasseur que le service de la régie aurait à constater ce *genre d'allongement.*

En dehors des considérations que nous venons de présenter, on ne trouverait pas une raison de quelque valeur pour motiver l'ingérence du service de la régie dans les opé-

rations qui suivent, chez le brasseur, celles de l'entonnement : cela étant, il est acquis à la discussion que l'art. 9
du projet de loi n'offre aucune garantie utile à l'Etat; nous
allons voir qu'il peut devenir pour le brasseur, un prétexte
de vexations qui seraient odieuses puisqu'elles seraient inu-
tiles ; la loi doit prévenir soigneusement de pareilles éventualités.

En France, si nous en exceptons les pays du Nord, la vente
de la bière est tout ce qu'il y a de plus capricieux et de plus ir-
régulier : là est sans doute la principale cause de notre infériorité vis-à-vis des brasseries étrangères de l'est et du nord
de l'Europe. Rien n'est plus difficile pour le brasseur que de
se tenir par une organisation intelligente, dans une situation
telle qu'il puisse répondre à tous les caprices de la demande :
Tel brasseur qui vend en un jour 100 hectolitres, n'en ven-
dra les jours d'après, que 10 ou 20, s'il survient un orage, ou
même un simple abaissement de température, après lequel
temps la vente reprendra une grande activité : les bières de
fermentation basse, surtout celles qui sont fabriquées en été,
exigent habituellement deux mois pour être vendables, et il
ne leur en faut que trois pour se perdre complètement.
Celles qui sont chez les débitants ne peuvent pas être main-
tenues en l'état que le consommateur connaît, plus de huit
à quinze jours, suivant la température; ensuite elles tour-
nent à l'aigre et surissent; il faut les relever. Voilà à quelles
éventualités, et il y en a bien d'autres encore, le brasseur
est tenu de pourvoir.

Quand la vente reste au-dessous de ses prévisions, c'est une
perte assurée qui l'attend.

Si au contraire, elle prend des proportions inattendues, il
est dans la nécessité de hâter sa fabrication, et ce serait bien
insuffisant encore, s'il n'avait le moyen de hâter en même
temps la maturité de la bière.

Cette maturité, tout artificielle, s'obtient au moyen de copeaux grossiers de noisetier que l'on introduit dans des foudres,
jusqu'à concurrence de 5, 10, 15 et même 20 0/0 de leur capa-

cité : ce procédé est imité de ce qui est pratiqué depuis un temps immémorial, dans les pays vignobles et chez les vignerons seulement, lorsqu'après une suite de pauvres récoltes, il survient une année abondante et qu'on veut avoir, sans l'attendre des effets du temps, du vin prêt à être bu immédiatement après la première fermentation, qui s'appelle la fermentation tumultueuse ; soit dix ou quinze jours après la vendange.

Dans la brasserie, plus le temps presse, plus on augmente la proportion des copeaux, ce qui réduit d'autant le nombre de jours nécessaires à la préparation de la bière : dire qu'elle y gagne, ce serait bien téméraire, mais elle a toutes les qualités hygiéniques d'une bière naturellement mûrie ; sa conservabilité seule est compromise ; si les beaux jours durent assez pour qu'il n'en reste plus au brasseur, personne n'en a souffert ; dans le cas contraire, c'est lui qui se trouve avoir un excédant destiné à une fin malheureuse.

Notons ce qu'il importe pour le moment de retenir de ces observations ; c'est que les foudres à copeaux ne sont pas jaugeables et qu'ils ne sont point susceptibles de recensement par deux raisons principales ; la première, pour ne pas compromettre le succès du travail auquel les copeaux ne coopèrent efficacement qu'à la condition d'un repos absolu ; la seconde, pour ne pas tenter l'impossible, c'est-à-dire de mesurer la part du volume qu'occupent respectivement dans les foudres le liquide et les copeaux.

Voyons maintenant ce qui se passe pour les bières de conserve.

On ne néglige rien pour les tenir à une température aussi voisine que possible de zéro ; c'est à la glace naturelle ou artificielle qu'il faut demander cet important service ; mais on n'en aurait pas pour longtemps ou bien il faudrait la renouveler souvent, si on ne pouvait isoler les caves à conserve et les défendre contre les pénétrations et les courants d'air extérieur. Quand ces caves sont remplies, ce qui a lieu en hiver, on les mure, en ménageant un petit passage, qui est un véritable trou d'homme, comme dans les chaudières à vapeur, qu'on tient fermé avec le plus grand soin, et qu'on ouvre de loin en loin avec toutes les précautions imaginables, pour le seul homme qui est chargé de la surveillance des foudres et de leur remplissage. Ces caves doivent être situées aussi loin que possible des routes et des chemins de fer, pour éviter que la plus faible vibration ne vienne ébranler les couches de bières dans les foudres et déterminer leur entrée en mouvement, ce qui ferait remonter le dépôt dans la masse du liquide et occasionnerait un trouble irrémédiable. On pousse si loin les mesures de précaution à cet égard, que quand le moment est venu d'expédier la conserve, l'emplissage des fûts d'expédition s'opère, au dehors et dans un local éloigné des caves, au moyen d'une pompe dont le tuyau d'aspiration s'adapte successivement aux foudres, toujours par la main du seul homme chargé de cet office.

Quand on connaît ces nécessités du métier, il n'en faut pas davantage sans doute pour comprendre que l'industrie du brasseur est subordonnée à des conditions que l'Etat, quelle que soit l'étendue de son droit, ne peut modifier sans responsabilité, parce qu'il est impossible de la faire vivre sous des conditions différentes, et que l'exercice par la régie est inconciliable avec le fonctionnement de celles qui sont inhérentes à la nature même de cette industrie; d'où cette conclusion :

1° Que l'exercice après l'entonnement causerait la ruine des établissements créés pour l'exploitation des bières de fermentation basse, ce qui implique pour l'Etat la nécessité d'une véritable expropriation et, conséquemment, d'une équitable indemnité ;

2° Que pour l'avenir, le service de la régie devant suivre et contrôler indéfiniment les opérations du brasseur, il s'établira entre ce service et l'industriel une sorte de solidarité dont dérivera, pour l'Etat, l'obligation d'une restitution des droits perçus sur les bières avariées, indépendamment du recours que le brasseur pourrait exercer pour être indemnisé par voie gracieuse, des pertes occasionnées à raison de ces avaries.

Voilà sur quoi se fonde, en faveur du brasseur, le droit de réciprocité que nous n'avons fait qu'énoncer dans notre premier mémoire; ce droit ne peut être invoqué sous le régime de la loi de 1816, parce qu'après l'entonnement, le brasseur traite sa bière comme il le juge à propos et que seul il est responsable des suites de la manutention à laquelle il est maître, sans obstacle du côté de la régie, de soumettre ses produits.

Voilà aussi, hâtons-nous de le dire, ce que l'administration des contributions indirectes et ceux qui l'ont inspirée, auraient pu apprendre si, avant de formuler des propositions qui ont jeté dans la brasserie française un trouble profond et universel, ils avaient jugé convenable de recueillir auprès des gens du métier, des renseignements sur les conditions fondamentales du fonctionnement de leur industrie.

L'administration a étudié les régimes établis à l'étranger et ne semble en avoir tiré d'autre profit que pour l'aggravation démesurée et véritablement prohibitive du système de rigueurs qu'elle entend appliquer à la brasserie française; mais elle n'a tiré aucune conséquence atténuante de ce que, par exemple, nulle part en Allemagne, sauf en Hanovre où il est aujourd'hui abandonné, l'exercice après l'entonnement n'a été mis utilement en pratique.

Art. 7.

A toute heure du jour ou de la nuit, que les usines soient ou ne soient pas en activité, les brasseurs sont soumis aux visites et vérifications des employés de la régie; à toute réquisition, ils sont tenus d'ouvrir à ces agents leurs brasseries, ateliers, magasins, caves, celliers et maisons lorsqu'elles sont attenantes à leurs établissements, ainsi que de représenter les bières qu'ils ont en leur possession. Lorsque les brasseries sont au repos, les visites de nuit ne peuvent s'étendre en dehors des ateliers de fabrication.

Les visites et exercices ont lieu, mais seulement pendant le jour, dans les caves, celliers, magasins ou habitations que les brasseurs possèdent en dehors des dépendances de leurs établissements, tant dans la commune où sont situés ces établissements qu'ailleurs.

L'assemblée générale des brasseurs ayant accepté les visites de jour et de nuit dans leurs établissements, alors même qu'ils sont au repos, nous n'avons à nous préoccuper que de défendre leurs habitations particulières contre la prétention de les placer sous le même régime.

L'art. 125 de la loi du 28 avril 1816 a bien dit que *leurs maisons* seraient soumises aux visites et vérifications des employés, mais il s'agit de savoir si par maisons la loi entendait les appartements des brasseurs; dans le fait, si l'on en excepte quelques rares exceptions, les habitations personnelles de ces industriels, dans le cours du demi-siècle qui vient de s'écouler, ont toujours été respectées; ce qui suffit bien pour attester l'inutilité de donner à l'administration la faculté d'y pénétrer lorsqu'elle le juge à propos.

Il est d'ailleurs bien difficile de comprendre comment le brasseur pourrait cacher dans ses appartements une quantité de bière qui valût la peine de l'exposer aux inconvénients attachés à ce détournement; la bière est une matière encombrante qui, sous aucun rapport, ne se prête à ce genre de fraude; il n'y a réellement pas de raison pour consacrer dans la nouvelle loi une exception aux principes si respectables de l'inviolabilité du domicile (1).

Art. 8.

Les particuliers qui ne brassent que pour leur consommation, les collèges, maisons d'instruction et autres établissements publics sont assujettis aux mêmes taxes que les brasseurs de profession et tenus aux mêmes obligations, excepté au paiement du prix de la licence.

---

(1) La presse a mentionné, il y a quelques jours à peine, un fait d'asphyxie dont plusieurs personnes ont été frappées dans les caves d'un brasseur d'Avesnes (Nord), où se trouvait de la bière en fermentation : on a eu beaucoup de peine à les rappeler à la vie.

On n'a pas d'exemple, *et pour cause*, d'un pareil accident survenu dans les appartements d'un brasseur.

Néanmoins les hôpitaux ne sont assujettis qu'à un droit proportionnel à la quantité de la bière qu'ils font fabriquer pour leur consommation intérieure : ce droit est réglé par deux experts dont l'un est nommé par la régie et l'autre par les administrateurs des hôpitaux. En cas de désaccord, le tiers arbitre est nommé par le préfet.

Art. 9.

Les marchands en gros ou dépositaires de bière sont assujettis aux mêmes obligations que les brasseurs et soumis au paiement d'une licence de 20 francs par an en principal.

Est considéré comme marchand en gros ou dépositaire toute personne qui reçoit et expédie, soit pour son compte, soit pour le compte d'autrui, des bières par quantités supérieures à 25 litres.

Les deux articles 8 et 9 ne concernent pas les brasseurs de profession.

Toutefois, nous allons avoir à combattre, à propos de l'article 10, les dispositions de l'article 9, comme étant contraires à l'un des deux principes sur lesquels repose notre discussion : *liberté absolue du commerce des bières.*

Art. 10.

Le mouvement des bières chez les brasseurs, marchands en gros ou dépositaires, est soumis à un compte présentant :

A l'entrée, les quantités fabriquées, ainsi que celles provenant de réintégration ou d'achat ;

Et à la sortie, les quantités successivement enlevées en vertu de laissez-passer que les brasseurs et marchands en gros sont tenus de se délivrer à eux-mêmes. A cet effet la régie leur remettra des formules imprimées dont ils devront justifier l'emploi.

Nous renvoyons le lecteur à l'article 12 pour les observations que nous avons à présenter sur les dispositions de cet article combinées avec celles de l'article 10.

Art. 11.

Les glucoses employées dans la fabrication des bières, sont affranchies de tout droit, sous les conditions fixées par un réglement d'administration publique.

L'art. 11 abandonne au réglement à intervenir le soin d'indiquer les conditions d'emploi des glucoses ; nous ne le connaissons point : cependant il paraît être dans l'intention de l'administration d'exiger que ces substances soient dénaturées sous les yeux de la régie, dès leur introduction dans l'établissement du brasseur ; comment s'opérera cette *dénaturation ?* par l'allongement avec de l'eau, peut-être : nous ferons remarquer que ce serait exposer le produit à des chances de décomposition inévitable : la glucose à 33° ne fermente point et se conserve pour ainsi dire indéfiniment ; mais du moment que cette densité sera réduite par l'allongement, on n'aura plus qu'un produit très-fermentescible et courant rapidement à sa perte.

Il faut donc avant de faire d'une opération très-simple en apparence, une condition réglementaire, examiner si cette opération est conforme à la nature du produit ou si elle l'expose à périr.

L'art. 11 est visiblement préoccupé de la crainte de voir le brasseur allonger clandestinement son brassin à l'aide des glucoses, et cherche à le prévenir. Mais il faut voir que si le brasseur le faisait, il aurait dû acquitter préalablement le droit de 20 fr. pour 100 kilogrammes qui paraît devoir être appliqué à cette matière.

Or, nous avons démontré qu'avec le droit de 11.44 seulement, le Trésor n'avait qu'à gagner par l'emploi de la glucose à l'allongement des brassins ; nos calculs sont bien plus concluants encore, s'il s'agit d'un droit de 20 fr. ; en effet, la bière forte rapporterait au Trésor, 6 fr. au lieu de 3 fr. 75 c. et la petite bière 2 fr. 75 c. au lieu de 1 fr. 25 c.

Où donc se trouve la raison de ce luxe de précautions que l'administration veut prendre contre l'éventualité d'opérations si ruineuses pour l'industriel ?

Art. 12.

Un règlement d'administration publique déterminera les formalités et les mesures d'ordre ou de surveillance que comportent l'assiette et la perception des droits sur la bière, notamment en ce qui concerne :

1° Les conditions posées pour l'installation des ateliers de fabrication et magasins ou pour l'agencement des chaudières, cuves, bacs et autres ustensiles dont il peut être fait usage dans les brasseries, ainsi que les marques et récipients des tonneaux ;

2° Les déclarations à faire et les obligations à remplir par les brasseurs, soit avant l'ouverture de leurs établissements, soit avant le commencement de chaque fabrication, soit pendant la durée des travaux, soit pour la mise en circulation des bières ou pour la réception des produits réintégrés en magasin ou venant du dehors, soit pour faciliter le contrôle des agents de la régie, soit pour jouir des facilités de travail qui résultent de l'emploi d'une quantité de matières supérieure à la contenance des chaudières.

3° Les garanties qu'on peut obtenir contre les opérations clandestines au moyen de scellés apposés sur les ouvertures des foyers ou des principaux appareils ;

4° La tenue des comptes de fabrication et de magasin, ainsi que leur contrôle par l'emploi de la représentation des laissez-passer prescrits par l'art. 10 de la présente loi.

5° La liquidation des droits.

L'art. 12 reproduit les principales dispositions de l'art. 10 du projet primitif. L'Exposé nouveau des motifs tend à rassurer les industriels sur la portée du droit réservé à l'administration de surveiller les bières après l'entonnement et à la circulation ; à cet effet, un amendement sous le n° 4 aurait pour objet de préciser la nature et l'étendue de ces formalités.

Nous allons faire l'exposé aussi concluant que possible des raisons qui ne permettent point à la brasserie de s'accommoder de cette extension de l'exercice; ces raisons sont pour l'industrie, d'ordre capital, puisqu'elles tiennent à la nature même de ses produits; l'amendement dont il s'agit n'améliore en rien la situation : nous persistons à déclarer qu'il est exorbitant d'imposer à une industrie des formalités qu'elle est hors d'état de remplir et qui après tout, n'offrent que des garanties inefficaces pour les intérêts du Trésor.

En 1816, quand on a compris la nécessité de réorganiser le régime de la brasserie, cette réorganisation a été demandée à la loi seule qui, en effet, n'a rien laissé à faire par voie de règlement d'administration publique ; il n'y a pas de motifs d'en agir autrement aujourd'hui. Les représentants de la France, réunis en Assemblée nationale, sont aussi ceux d'une industrie qui n'est pas uniformément répartie sur le territoire français et dont les besoins et les intérêts diffèrent suivant les régions ; personne ne connaît mieux ceux du département que la députation de ce département lui-même. C'est par cette raison que les brasseurs français, réunis en assemblée générale le 31 mai, ont placé leur espoir et leur confiance dans la discussion publique de la loi ; ils ne connaissaient point alors le texte du projet de règlement d'administration publique qui devait en être le complément : ce qu'ils en ont appris depuis, n'est pas fait pour atténuer le sentiment de défiance qui s'est emparé de tous à l'égard du nouveau système de réglementation que l'article 10 du projet de loi tend à introduire dans le régime fiscal de la brasserie.

Quant aux matières sur lesquelles devait porter cette réglementation et qui sont énumérées en cinq paragraphes, nous n'en dirons ici que quelques mots. On pourra suivre, à la fin du présent mémoire (1), dans des extraits empruntés au *Journal des Brasseurs*, une discussion qui semble bien suffire pour édifier le législateur sur le régime que le règlement ménage à notre industrie.

Les dispositions qui sont les plus antipathiques à la brasserie, sont celles qui tendent à soumettre à l'exercice, les bières dans les magasins et en circulation. Nous pensons avoir démontré que l'exercice étant inconciliable avec les nécessités du fonctionnement de l'industrie, devait s'arrêter à l'entonnement, comme l'avait sagement et justement décidé la loi de 1816, ce qui exclut toute prétention de porter le contrôle et la surveillance de la régie jusqu'à la circulation des bières.

Toutefois, il y a un amendement à cette partie de la loi de

---

(1) Voir l'Annexe E.

1816 qui ne se trouve consigné nulle part, mais que nous avons recueilli dans la conversation et que nous mentionnons en passant; il consiste à autoriser la régie à continuer sa surveillance jusqu'à ce que la *fermentation* des bières soit terminée. La brasserie française considère cet amendement comme étant plein d'inconvénients et sans portée utile.

Il peut arriver en effet, et nous en avons des exemples, que le brasseur qui fabrique des bières façon Strasbourg, soit obligé pour les faire fermenter, de les transporter loin de l'établissement où il les fabrique, de telle sorte que le contrôle de chacune des opérations appartienne à des services différents de la régie : comment la surveillance pourra-t-elle, dans ce cas, s'exercer utilement ? Voilà une difficulté dont l'administration trouverait avec peine une solution : à quoi bon lui donner cet embarras, s'il n'y a pas d'avantage pratique à en recueillir?

Nous devons également, à l'appui des arguments qu'on trouvera ailleurs, contre l'exercice à la circulation, présenter un exemple des difficultés devant lesquelles viendraient échouer les soins les plus intelligents et les plus consciencieux du brasseur, même alors qu'il lui serait dévolu le droit de se délivrer à lui-même un bulletin de circulation.

Pénétrons à cet effet dans l'intérieur d'une brasserie et examinons comment les choses s'y passent : elle produit annuellement 10,000 hectolitres de bière qui se répartissent ainsi :

6,000 au débitant.

4,000 à la clientèle bourgeoise.

Chaque débitant reçoit, en moyenne, par an 10 hectolitres et chaque client bourgeois 1 hectolitre. Ces chiffres, si faibles qu'ils paraissent, peuvent être acceptés comme bien près d'être exacts dans les départements autres que ceux du Nord.

Ainsi, pour 10,000 hectolitres, le brasseur aura :

600 clients parmi les débitants,

4,000 clients parmi les bourgeois,

4,600 au total, qui consomment, pendant trois à quatre

mois de l'année, les neuf dixièmes des 10,000 hectolitres fabriqués. Comme cette vente est très-faible relativement au nombre des clients, le brasseur n'ouvre des comptes qu'aux débitants. Les autres consommateurs sont représentés par les charretiers, qui, moyennant certains arrangements, se rendent responsables des livraisons faites à cette catégorie de clients. Si le brasseur court des risques un peu plus grands, il évite des complications d'écritures et beaucoup d'autres inconvénients inséparables des livraisons démesurément détaillées.

Or, les charretiers tenant naturellement à vendre, puisqu'il y a une prime proportionnelle attachée à cette vente, et ayant quelquefois intérêt à ne pas faire connaître leurs acheteurs, pour se rendre plus indispensables, ne seront jamais disposés à mettre beaucoup d'exactitude pour rapporter régulièrement contrôlés, les bulletins de chargement dont ils auront été nantis à leur sortie. Qui en souffrira ? le brasseur assurément. Alors, dira-t-on, il devra changer ses charretiers pour en prendre d'autres ! Oh ! en prendre d'autres, quand le travail profitable du brasseur est resserré dans l'étroit intervalle de trois ou quatre mois, et que le reste de temps, il ne fait que languir ! Jeter le trouble dans son exploitation quand le moment est venu de travailler avec fruit, ou bien s'exposer à être criblé de contraventions, voilà l'alternative que lui réserve l'exercice à la circulation.

Et si c'est là le sort qui attend le brasseur qui fait livrer ses propres produits par fûts de capacité échelonnée, suivant le désir du client, de 25 à 75 litres, quel sera celui du marchand distribuant ces mêmes produits par douzaines de bouteilles ?

On objecte que les camionneurs du chemin de fer trouvent bien le moyen de se faire donner une signature contre la remise d'un colis, et qu'il ne serait pas plus difficile d'obtenir une signature contre la livraison de petites parties de bière en fûts ou en bouteilles.

Il n'y a pas d'assimilation possible entre un service qui va droit au destinataire dont il a l'adresse et celui qui marche à l'aventure, cherchant à qui il pourra livrer sa marchandise. L'objection est d'ailleurs réfutée d'avance par ce que nous venons de dire de l'irrégularité du travail et des affaires en brasserie : ce qui serait possible en huit ou neuf mois de l'année, quand il s'agit de quelques fûts à livrer dans une journée, ne l'est plus dans les trois ou quatre mois d'été, où les nécessités du métier obligent le charretier à rester à la peine, de quatre heures du matin à dix ou onze heures du soir.

En ce qui concerne les opérations clandestines visées par le n° 3 de l'art. 12, nous avons dit assez ce qu'en pense l'assemblée générale des brasseurs, qui n'a point hésité à accepter le système des scellés sur les ouvertures des foyers et des principaux appareils, pendant le temps que l'usine est au repos.

Les brasseurs n'acceptent pas les dispositions du n° 3 et dernier, en ce qu'elle permet l'ingérence de la régie dans les *Comptes de magasin* où elle n'a rien à voir, si, comme il faut bien l'espérer, son contrôle ne va pas au-delà de l'entonnement.

Ils n'ont rien à dire du surplus qui est relatif aux comptes de fabrication et à la liquidation des droits, sinon que par une innovation due à la loi du 16 février 1875, dans le système de liquidation établi par la loi de 1816, ces droits de fabrication sont grevés aujourd'hui d'une véritable surtaxe de 3 0/0 ; voici comment :

L'art. 127 de la loi de 1816 laissait au brasseur la faculté de régler les droits à sa charge en obligations à trois, six ou neuf mois de terme, soit à six mois en moyenne, ce qui correspond bien à un intérêt de 3 0/0, l'argent étant à 6 0/0 pour douze mois. Or, cette faculté lui a été retirée par la loi précitée du 15 février dernier ; les droits sont exigibles au comptant, à moins qu'il ne préfère jouir du terme de quatre mois, en payant un intérêt peu élevé, il est vrai, mais augmenté d'un droit de commission, le tout faisant comme nous l'avons

récidive, dans le délai de deux années, est punie de 3,000 fr. d'amende, sans adoucissement possible.

Du régime actuel, au régime en perspective, la chute serait lourde : nous disions dans notre premier mémoire, que si les amendes étaient appliquées à des établissements d'importance secondaire, elles pourraient déterminer la ruine de ces établissements ; et en effet, il y en a un grand nombre en France dont le chiffre brut d'affaires ne s'élève pas au-delà de 20 à 30,000 francs ; ne voit-on pas quelle brèche produirait dans une industrie si modeste, une amende de 5,000 francs, aggravée de 2 1/2 décimes additionnels et d'autres accessoires encore ?

Dans l'art. 12, on trouve une série tout à fait nouvelle d'amendes plus bénignes en apparence, mais plus menaçantes ; ce sont celles qui sont chargées de punir les contraventions à la circulation, et comme il ne serait guère possible, ainsi que nous l'avons établi, que le plus chanceux des brasseurs ou des marchands de bières ne fût pas surpris, pendant les temps chauds, au moins cinq ou six fois par jour, en état de contravention, il est aisé de voir sous quel faux air de bénignité se glisse, après le précédent, le deuxième paragraphe de ce redoutable article 12. Cette fois, ce n'est pas la fraude qui serait atteinte, mais l'impuissance matérielle d'obéir à une réglementation exigeant malencontreusement du commerce, exercé le plus honnêtement du monde, plus qu'il ne peut faire.

Laissant de côté ce que le paragraphe troisième dit des confiscations, mot qui sonne assez mal à l'oreille, nous ne mentionnerons non plus qu'en passant, le quatrième paragraphe qui a pour objet de régler, sans dire comment, mais en se référant à d'autres lois qui le disent assez, la répartition du produit net des amendes et confiscations, dans lequel produit les *employés saisissants* sont admis à prendre part ; dispositions que le sentiment public et la morale s'accordent à considérer comme ayant bien mérité d'être exclues de la législation française.

Art. 15.

Sont abrogées, en ce qui concerne les bières, les dispositions du chapitre V de la loi du 28 avril 1816, de l'art. 4 de la loi du 23 juillet 1820, de l'art. 8 de la loi du 1er mai 1822, de l'article unique de la loi du 23 avril 1836, sur la fabrication de la bière, et de l'art. 23 du décret du 17 mars 1852.

Parmi les dispositions réglementaires que l'art. 13 se propose d'abroger, figure l'article 23 du décret du 17 mars 1852, dont voici la teneur :

Le produit des trempes données pour un brassin ne pourra excéder de 20 0/0 la contenance de la chaudière déclarée pour la fabrication du brassin. La régie des contributions indirectes est autorisée à régler, en raison des procédés de fabrication et de la durée ou de la violence de l'ébullition, le moment auquel le produit des trempes devra être rentré dans la chaudière.

Ces dispositions n'ont été prises qu'après une longue instruction ; elles ont permis à la régie d'élever jusqu'à 35 0/0 la tolérance qui, aux termes de l'art. 109 de la loi de 1816, ne devait pas excéder de plus du vingtième la contenance de la chaudière déclarée.

En fait, cette tolérance de 35 0/0 est nécessaire, comme nous l'avons exposé bièvement en notre premier mémoire, à la fabrication de certaines bières imitées des bières allemandes, et même à celle des bières fabriquées dans le Nord, qui demandent une ébullition prolongée ; elle ne peut affecter, en quoi que ce soit, la quotité du droit revenant à l'Etat ; il faudrait, dans le cas contraire, supposer la fraude, mais si l'on veut écarter absolument toutes les possibilités d'en commettre, la loi n'aboutira qu'à créer pour la brasserie une situation intolérable et pleine d'embûches qui la fera succomber.

On trouvera ci-après (Annexe E, page 85 et suivantes) les motifs développés sur lesquels elle se fonde pour demander le maintien de la tolérance de 35 0/0.

Nous sommes arrivés à la fin de notre tâche. En jetant un

regard en arrière, nous reconnaissons que nous la terminons dans un esprit différent de célui dans lequel nous l'avons reçue de nos confrères de France.

Au début, il était dans la pensée de tout le monde que la discussion du projet de loi ne devait souffrir aucun retard. Il fallait se hâter et ne demander que l'addition de deux articles à la loi de 1816, en laissant subsister jusqu'à nouvel ordre, les dispositions tutélaires de cette loi ; nous avons dû, en conséquence, être très-brefs, et par suite aussi, très-incomplets dans notre premier mémoire.

Les circonstances n'ont pas tardé à nous laisser entrevoir que les choses n'iraient pas aussi vite et qu'elles ne seraient pas aussi simples qu'on l'avait pensé ; c'était le cas de reprendre nos études pour les compléter, et nous l'avons fait avec empressement.

Nos démarches auprès de messieurs les Députés réunis en Commission ou vus isolément, ont toujours été accueillies avec bienveillance, mais partout aussi on nous disait : « Votre » industrie n'est pas connue ; revenez, nous en conférerons » et nous verrons ensuite. » Les conférences ont été, en effet, aussi multipliées que possible, mais combien il s'en faut qu'elles puissent l'être dans la mesure de ce qui est nécessaire !

Une bonne loi sur les brasseries n'est pas chose facile : disons mieux, c'est peut-être la plus grande des difficultés que le législateur ait à traiter en matière industrielle. Quels étaient les matériaux mis à sa disposition pour cette œuvre ? Ceux que lui fournissait l'administration : dans quel esprit ? Ce n'est manquer ni à la vérité ni à la déférence respectueuse qui est due à une branche importante de la puissance publique, en affirmant qu'ils n'étaient autre chose qu'un acte d'accusation contre la brasserie dont il fallait à tout prix réprimer les pratiques abusives. En fait d'abus, il en a été commis d'inexcusables dans les documents administratifs : on a qualifié de fraude des procédés diversement pratiqués, que la loi ne défendait point, et qui n'avaient en conséquence aucun caractère délictueux : des procédés vraiment coupables, il y en a eu et la brasserie n'en prendra jamais la défense; mais partir de là pour signaler la fraude comme étant généralisée en face de la régie réduite à l'impuissance du *laissez faire, laissez passer*, c'est une exagération doublement regrettable en ce qu'elle montre sous un jour humiliant et faux, une industrie représentée en immense majorité par des hommes honorables, et en ce qu'elle pousse le législateur à un excès de sévérité.

Une enquête dirigée par l'administration, dans laquelle auraient été entendus des industriels appelés de tous les points de la France, était, après tout, ce qu'il y avait de plus simple et de plus logique, avant d'entreprendre de faire juger le régime auquel la brasserie est soumise depuis un demi-siècle, et d'en provoquer la réforme : on n'y a pas même pensé. Il y a loin de là à des rapports rédigés dans le silence du cabinet, par des hommes plus ou moins compétents, et sur des renseignements recueillis sans la garantie de la contradiction.

Voilà à quoi nous avons voulu suppléer quand nous avons jeté le cri d'alarme, entendu de tous nos confrères de France, et que nous les avons appelés à l'assemblée générale du 31 mai dernier; c'est de la discussion si calme et si digne à laquelle cette assemblée s'est livrée et dont un procès-verbal a consacré le souvenir; c'est aussi des éléments que nous avons puisés dans des mémoires écrits qui nous ont été envoyés depuis, que nous avons tiré les matériaux à l'aide desquels nous avons composé notre Travail. Il est long, trop long peut-être pour le pouvoir législatif préoccupé, à des titres si grands, du soin de bien clore la durée de son mandat; mais il importait, par la même considération, de concentrer en un faisceau unique tout ce qu'il est essentiel de savoir de notre industrie, pour la juger en connaissance de cause et avec équité; d'où il est permis de penser qu'en facilitant les recherches du législateur, nous aurons abrégé son propre travail, ce qui sera sans doute une circonstance atténuante pour le jugement que nos mandataires auront à porter sur le nôtre.

PROPOSÉ PAR

<table>
<tr><td>Le Président d'honneur,</td><td>Le Secrétaire,</td></tr>
<tr><td>LAURENT-HANIN,</td><td>T. LAURENT fils,</td></tr>
<tr><td>Brasseur à Versailles.</td><td>Brasseur à Issy (Seine).</td></tr>
</table>

APPROUVÉ :

Les membres de la délégation de la Brasserie française,

TAFFIN-BINAULD, président titulaire, brasseur à Tourcoing ;
PAVARD, vice-président, à Saint-Germain-en-Laye ;
BLONDEL, secrétaire, à Arras ;
RIESTER, trésorier, à Puteaux ;
JEANNIN-GÉRARD, assesseur, à Bar-le-Duc ;
DUMESNIL, — à Paris ;
LOUER, — au Hâvre ;
GRILLON, — à Châteauroux ;
DELEMER, — à Lille ;
WELTEN, — à Marseille ;
LOUIS, — à Chemery (Ardennes) ;
SCHMIDT, — à Paris.

RÉSUMÉ

SOUS FORME DE

PROJET DE LOI

DES PROPOSITIONS DE LA BRASSERIE FRANÇAISE

AU SUJET DU

PROJET DE LOI DU GOUVERNEMENT SUR LES BIÈRES

CHAPITRE Ier.

Formalités à remplir avant l'ouverture des Brasseries.

ARTICLE PREMIER.

Les brasseurs seront tenus de faire la déclaration, au bureau de la régie, de leur profession et du lieu où sont situés leurs établissements ; ils seront, en outre, obligés :

1° à donner la description de ces établissements, de leur distribution, des compartiments ou locaux dont ils se composent, en indiquant les opérations ou les usages auxquels chacun d'eux est destiné, et généralement de toutes les dépendances affectées à leur exploitation ;

2° à indiquer la contenance de leurs chaudières, cuves, bacs, vaisseaux fixes destinés à recevoir le moût avant l'entonnement, et la place qu'ils occupent dans l'établissement ; à fournir l'eau, les ouvriers et les mesures divisionnaires de l'hectolitre nécessaires pour vérifier, par l'empotement de ces vaisseaux, les contenances déclarées ; cette opération sera dirigée en leur présence par des employés de la régie, et il en sera dressé procès-verbal.

Chacun de ces vaisseaux portera un numéro et l'indication de sa contenance en hectolitre.

ART. 2.

Les ateliers de fabrication, les caves, les magasins et les habitations attenantes à l'établissement, ne peuvent être mis ni maintenus en communication avec les maisons ou constructions voisines.

Art. 3.

Il est défendu de changer, modifier ou altérer la contenance des chaudières, cuves et bacs épalés, ou d'en établir de nouveaux, sans en avoir fait par écrit la déclaration vingt-quatre heures d'avance. Cette déclaration contiendra la soumission du brasseur de ne faire usage desdits ustensiles qu'après que leur contenance aura été vérifiée conformément à l'article premier.

Art. 4.

Toutes constructions en charpente, maçonnerie ou autrement, qui seront fixées à demeure sur les chaudières et qui s'étendront sur plus de moitié de leur contour, seront comprises comme hausses fixes dans l'épalement ; les brasseurs devront, en conséquence, les détruire ou faire les dispositions convenables pour qu'elles puissent être épalées.

Les hausses mobiles sont interdites.

Art. 5.

Toute brasserie en activité portera une enseigne sur laquelle sera inscrit le mot *Brasserie*.

Les brasseurs de profession apposeront sur leurs tonneaux leur marque de fabrique, dont une empreinte sera par eux déposée au bureau de la *régie*, au moment où ils feront la déclaration prescrite par l'article premier.

Art. 6.

Il ne pourra être fait usage, pour la fabrication de la bière, que de chaudières de six hectolitres et au-dessus.

Il est défendu de se servir de chaudières qui ne seraient pas fixées à demeure et maçonnées : aucune communication intérieure ne peut exister entr'elles.

Les brasseries ambulantes sont interdites à moins d'autorisations spéciales dont la régie réglera les conditions.

CHAPITRE II.

Des déclarations préalables à la fabrication.

Art. 7.

Le feu ne pourra être allumé et la vapeur ne sera dirigée sous les chaudières dans les brasseries, que pour la fabrication de la bière.

La mise de feu sous une chaudière supplémentaire ou son chauffage par la vapeur pourront être autorisés sans donner ouverture au paiement du droit de fabrication, pourvu que cette chaudière ne serve qu'à chauffer les eaux nécessaires à la confection de la bière et au lavage des ustensiles de la brasserie.

Le feu sera éteint ou le courant de vapeur sous la chaudière sera supprimé, la chaudière elle-même sera vidée, aussitôt que l'eau destinée à la dernière trempe en aura été retirée.

Art. 8.

Tout brasseur sera tenu, chaque fois qu'il voudra mettre le feu sous la chaudière, de déclarer par écrit, au moins quatre heures à l'avance dans les villes, ainsi que dans les communes où il existe un bureau de la régie, et douze heures dans les campagnes :

1° le numéro et la contenance des chaudières qu'il voudra employer, et l'heure de la mise de feu sous chacune ;

2° le nombre et la quantité de brasseries ainsi que l'espèce de bière à fabriquer avec la même drêche ;

3° l'heure de l'entonnement de chaque brassin ;

4° le moment où l'eau sera versée sur les marcs pour fabriquer la petite bière sans ébullition, exempte du droit, et celui où elle devra sortir de l'établissement.

En cas de chauffage à la vapeur, la déclaration fera connaître l'heure à laquelle le brasseur commence à la diriger vers les chaudières.

Le préposé qui aura reçu une déclaration, en remettra une ampliation signée de lui au brasseur, lequel sera tenu de la représenter à toute réquisition des employés pendant la durée de la fabrication.

CHAPITRE III.

Des différentes espèces de bière et des conditions de leur fabrication.

Art. 9.

Il ne peut être fait d'un même brassin, soit dans une seule, soit dans plusieurs chaudières, qu'une seule espèce de bière.

Ne peut être considérée comme petite bière pour l'application de la taxe, que le brassin fabriqué exclusivement avec des drêches ayant préalablement servi à la fabrication d'un brassin de bière forte.

Le brassin de petite bière n'excédera point en contenance le brassin de bière forte.

Le produit de chaque brassin devra être retiré de la chaudière et porté dans les bacs refroidissoirs ou dans les réfrigérants en une seule fois, sans interruption.

8

Les décharges partielles sont interdites.

S'il était fabriqué plus de deux brassins avec la même drêche, le dernier seulement serait réputé de petite bière.

Art. 10.

La bière forte est celle qui, à l'état de moût et à la température de 15° centigrades, accuse au densimètre centésimal, une densité supérieure à 3°,5 au-dessus de 100.

La petite bière est celle dont le moût accuse une densité inférieure à 3°,5.

L'essai densimétrique réglementaire d'un moût est fait au moment où ce moût est parvenu à la température de 25° centigrades au plus, avant tout commencement de fermentation et toute addition de levure.

Toute bière qui, à l'état de moût, dans les conditions déterminées par le paragraphe précédent, accuse une densité supérieure à 3°,5, est réputée bière forte et assujettie aux mêmes droits.

Toute bière dont la densité, à l'état de moût et dans les mêmes conditions, est supérieure à 7°,5, est passible, indépendamment du droit applicable à la bière forte, d'une surtaxe de 0.75 (décimes compris), par hectolitre et par degré du densimètre au-delà de 7°,5.

Art. 11.

Les brasseurs ont la faculté de porter le produit des trempes données pour un brassin de bière forte, à 35 0/0 au-dessus de la contenance brute de la chaudière de fabrication, et d'employer cet excédant à combler le vide causé par l'ébullition qui suit la réunion définitive des trempes.

S'il s'agit de petite bière, l'excédant des trempes ne pourra dépasser 25 0/0 de la contenance brute de la chaudière.

La dimension des hausses est déterminée de telle sorte qu'on ne puisse introduire un volume de liquide supérieur à l'excédant autorisé.

Une ligne de démarcation apparente délimite la chaudière proprement dite de l'annexe considérée comme hausse.

Dans le cas de fabrication de petite bière, un robinet placé sur une autre ligne également apparente et délimitant l'excédant de 25 0/0 sur la contenance brute de la chaudière, devra rester constamment ouvert pendant la durée de la cuisson.

En tout cas, ces excédants devront être complètement absorbés avant la mise aux bacs.

Les mélanges de bière pourront être effectués après l'entonnement.

Art. 12.

L'entonnement pourra avoir lieu à toute heure du jour ou de la nuit, suivant les nécessités de la fabrication, pourvu qu'elle ait été indiquée dans la déclaration de mise de feu.

Art. 13.

Les repassages des bières avariées sur les drèches ou houblons épuisés ne peuvent avoir lieu qu'en présence des employés de la régie et sur une demande expresse formulée dans la déclaration de mise de feu.

Art. 14.

La petite bière fabriquée sans ébullition sur les marcs qui auront servi à la fabrication de tous les brassins déclarés, sera exempte de tous droits, pourvu qu'elle ne soit que le produit d'eau froide versée dans la cuve matière sur ces marcs, qu'elle ne soit fabriquée que de jour, qu'elle n'excède pas en quantité le huitième des bières assujetties au droit pour un des brassins précédents, et qu'en sortant de la cuve matière elle soit livrée de suite à la consommation, sans être mélangée d'aucune autre espèce de bière. -

A défaut d'une de ces conditions, toute la petite bière ainsi fabriquée sera soumise au droit, indépendamment des peines encourues pour fausse déclaration s'il y a lieu,

CHAPITRE IV.

Des droits de fabrication.

Art. 15.

Les droits à la fabrication des bières continuent à être fixés (décimes compris) pour les bières fortes à 3 fr. 75, et pour la petite bière à 1 fr. 25 par hectolitre, dans les conditions de densité des moûts et des autres prescriptions déterminées par la présente loi.

Art. 16.

La quantité de bière passible du droit sera évaluée quelles qu'en soient l'espèce et la qualité, en comptant pour chaque brassin la contenance de la chaudière lors même qu'elle ne serait pas pleine. Il sera seulement déduit de cette contenance 20 0/0 pour tenir lieu de tous déchets de fabrication, d'ouillage, de coulage et autres accidents.

Art. 17.

Les brasseurs ont avec la régie des contributions indirectes, pour les droits constatés à leur charge, un compte ouvert qui est réglé à la fin de chaque mois.

Lorsque le décompte atteint un minimum de 300 francs, les brasseurs ont la faculté de souscrire pour se libérer, une obligation dûment cautionnée, à quatre mois de terme, à laquelle sont ajoutés l'intérêt et la commission, conformément à ce qui est prescrit par la loi du 15 février 1875.

Art. 18.

Le droit de fabrication sera restitué sur les bières qui seront exportées à l'étranger ou pour les colonies françaises.

Le brasseur ou l'expéditeur justifiera préalablement que les bières qu'il a fait sortir des limites du territoire français, sont bien celles pour lesquelles le droit de fabrication a été acquitté.

Les autres formalités seront réglées par analogie avec celles qui sont remplies dans le cas d'exportation des vins et autres liquides de nature semblable.

Art. 19.

Les particuliers qui ne brassent que pour leur consommation, les colléges, maisons d'instruction et autres établissements publics, sont assujettis aux mêmes taxes que les brasseurs de profession, excepté au paiement de la licence.

Néanmoins les hôpitaux ne sont assujettis qu'à un droit proportionnel à la quantité de bière qu'ils font fabriquer pour leur consommation intérieure : ce droit sera réglé par deux experts dont l'un est nommé par la régie, et l'autre, par les administrateurs des hôpitaux ; en cas de désaccord, le tiers arbitre est nommé par le préfet.

CHAPITRE V.

De l'exercice et du contrôle de la Régie.

Art. 20.

A toute heure du jour ou de la nuit, que les usines soient ou ne soient pas en activité, les brasseurs sont soumis aux visites et vérifications des employés, et tenus de leur ouvrir, à toute réquisition, leurs brasseries, ateliers, magasins, caves, celliers, et généralement tous les locaux affectés à l'exploitation des dites brasseries et attenant à ces établissements, ainsi que de leur représenter les bières qu'ils ont en leur possession.

Toutefois sont exempts de ces visites les appartements réservés au brasseur et à sa famille.

Art. 21.

Les employés de la régie sont autorisés à vérifier dans les bacs et cuves, ainsi qu'à l'entonnement, le produit de la fabrication de chaque brassin.

Tout excédant de la contenance brute de la chaudière sera saisi. Un excédant de plus d'un dixième supposera en outre la fabrication d'un brassin non déclaré, et le droit sera perçu en conséquence, indépendamment de l'amende encourue.

Tout excédant à la quantité déclarée imposable par l'art. 9, est soumis au droit lorsqu'il dépasse dix pour cent de cette quantité, soit qu'on le constate sur les bacs ou à l'entonnement.

Un excédant de plus de 0°,5 (cinq dixièmes) aux densités indiquées par la déclaration de mise de feu, supposera la fabrication d'une bière inexactement déclarée : le droit sera perçu en conséquence, indépendamment de l'amende encourue.

Art. 22.

Pendant la suspension des travaux de fabrication, le service de la régie est autorisé à placer sous scellés les portes des fournaux de chaudières, les robinets de conduite de vapeur et tous autres appareils spécialement et exclusivement affectés à la fabrication de la bière et à sa fermentation.

Les scellés ne peuvent être levés que par les employés de la régie.

Toutefois, en leur absence et à l'heure indiquée dans sa déclaration, le brasseur est autorisé à les lever lui-même.

Le bris prématuré de scellés constitue une contravention et est assimilé aux fabrications clandestines, à moins qu'il ne soit le résultat d'un accident indépendant de la volonté du brasseur et de ses employés, auquel cas il est tenu de le déclarer immédiatement à la régie.

CHAPITRE VI.

Des fraudes, contraventions et amendes.

Art. 23.

Les contraventions à la présente loi sont constatées par procès-verbaux des agents de la régie.

Elles sont punies d'amendes pouvant, suivant le cas, être élevées comme suit, savoir :

1° De cinq cents à cinq mille francs, pour toute fabrication clandestine de bière dans des locaux, chaudières et ustensiles non déclarés ;

2° De deux cents francs à deux mille francs, pour toute fabrication dans des chaudières et ustensiles déclarées, mais sans la déclaration prescrite par l'art. 8 ci-dessus relativement à la mise de feu ou au chauffage par la vapeur, et pour toute décharge partielle pendant la fabrication ;

3° De cinquante francs à cinq cents francs, pour toutes contraventions aux règles des densités fixées par les art. 10 et 21 et toutes autres infractions à la loi qui ne sont point spécialement énumérées au présent article.

En cas de récidive dans le délai d'un an, l'amende peut être portée au double du maximum afférent à chacun des cas déterminés, et ne peut être inférieure à moitié de ce maximum.

Sont en outre saisis et confisqués, les chaudières, les appareils non déclarés ou établis en dehors des prescriptions de la présente loi, ainsi que les bières fabriquées en fraude dans l'un ou l'autre des cas énoncés aux numéros un et deux ci-dessus.

CHAPITRE VII.

Dispositions transitoires.

Art. 24.

Il n'est pas dérogé jusqu'à ce qu'il en ait été autrement ordonné aux articles 130 à 137 inclusivement de la loi du 28 avril 1816 concernant le mode d'abonnement général autorisé dans les cas spécifiés par cette loi.

Les articles 149 et 150 de la même loi continueront à être appliqués aux bières en matière d'octroi.

En conséquence, les droits d'octroi qui sont établis sur les bières, ne peuvent excéder ceux qui sont perçus aux entrées des villes au profit du Trésor.

Les règlements d'octroi ne peuvent contenir aucune disposition contraire à celles des lois et règlements relatifs à la perception des droits établis au profit du Trésor, et notamment en ce qui touche la circulation des bières.

ANNEXES

ANNEXE A

Du rendement en alcool des matières sucrées ou amylacées.

A propos d'un tableau de M. Jacquème.

M. Jacquème donne, page 8 de son rapport, un tableau dans lequel il présente les quantités d'alcool que sont susceptibles de produire théoriquement soit les céréales, soit les glucoses employées en brasseries.

Voici ce tableau:

DÉSIGNATION.	TAUX POUR CENT de matières transformables.	RENDEMENT THÉORIQUE EN ALCOOL	
		En poids.	En volume.
	p. 0/0.	k. déc.	lit. cent.
Blé moyen	73.62	35.38	44.58
Orge	75.43	36.25	45.67
Seigle	77.65	37.31	46.41
Avoine	69.84	33.56	42.28
Maïs	71.55	34.38	43.42
Millet	72.65	34.90	43.97
Sarrazin	64.00	30.75	38.74
Riz..................	90.15	43.30	53.55
Betteraves	13.20	6.35	7.00
Pommes de terre	20.00 à 30.00	9.20 à 14.10	11.60 à 17.75
Fécule du commerce séchée..	93.60	44.98	56.63
Mélasses { indigènes........	40.00 à 45.00	19.22 à 21.62	24.22 à 27.24
{ exotiques........	76.00	36.52	46.01
Glucose	100.00	48.05	60.54

Les rendements pratiques nous ont paru tellement différents de ceux qu'établit M. Jacquème, théoriquement, que nous avons cherché à nous rendre compte d'où pouvaient survenir d'aussi grandes différences.

Nous avons reconnu :

1° *Pour les céréales*, que M. Jacquème, au lieu de prendre la composition des céréales telles qu'on les emploie, les suppose à l'état absolument anhydre, privées de toute l'eau hygroscopique qu'elles peuvent contenir.

2° *Pour la glucose*, qu'il déduisait le rendement d'une formule complètement imaginaire et qui s'applique, non pas à la glucose, même pure, mais à la quantité des éléments qui la composent, lorsqu'elle se substitue à d'autres corps pour former des combinaisons de même ordre(1), c'est-à-dire, à son *équivalent chimique*.

Il y a donc lieu de prémunir le législateur contre les conséquences qu'il pourrait tirer du tableau de l'honorable inspecteur des finances. C'est d'autant plus important que M. Jacquème recommande à propos de la loi sur la bière, d'imposer les matières premières d'après la proportion d'alcool qu'elles sont susceptibles de produire.

Il est donc nécessaire d'établir ces rendements d'une manière certaine.

Nous avons cherché à le faire et, nous inspirant des analyses de MM. Oudemans, Péligot, Boussingault, Mulder, Payen et autres savants ; nous avons déterminé d'après eux, la proportion des matières extraites des principaux corps employés en brasserie et pouvant donner de l'alcool.

Les nombres que l'on trouvera dans le tableau suivant s'entendent, pour les matières de première qualité telles qu'elles ont été analysées par les éminents chimistes que nous venons de citer :

---

(1) M. Jacquème admet que la composition de la glucose est $C^{12} H^{12} O^{12}$. C'est une erreur. Elle est représentée par $C^{12} H^{14} O^{14}$. On n'a jamais pu isoler la glucose sous le symbole de son équivalent chimique. Conséquemment, le maximum de rendement théorique en alcool de la glucose doit être tiré de l'équation chimique :

$$C^{12} H^{14} O^{14} = 2 C^4 H^6 O^2 + 4 CO^2 + 2 HO.$$

La glucose $C^{12} H^{12} O^{12}$ est une substance imaginaire qui n'existe sous cette formule que dans des combinaisons.

DÉSIGNATION.	TAUX POUR CENT de matières transformab'es.	RENDEMENT THÉORIQUE EN ALCOOL		D'après les données de MM.
	p. 0/0.	En poids. k. déc.	En volume. lit. cent.	
Blé.....................	61.50	29.55	37.23	Oudemans.
Orge....................	58.30	28.01	35.29	—
Seigle	61.70	29.64	37.34	—
Avoine	52.00	24.98	31.47	—
Maïs....................	60.50	29.07	36.62	Boussingault.
Riz.....................	76.00	36.51	46.00	Payen.
Betteraves	10.50	5.04	6.35	—
Pommes de terre..........	20.00	9.61	12.10	—
Fécule égouttée	54.55	26.21	33.02	—
— séchée à l'air........	64.39	30.93	38.97	—
— séchée à l'étuve	81.82	39.31	49.53	—
— séchée dans le vide à 15°	90.00	43.24	54.48	—
Mélasses indigènes..........	40 00	19 22	24.41	—
— exotiques..........	76.00	36.51	46.00	—
Glucose pure $C^{12} H^{14} O^{14}$....	90.00	43.24	54.48	—
— 42° Baumé..........	75.60	36.75	46.30	—
— 36° —	64.80	31.13	39.22	—
— 33° —	59.40	28.54	35.96	—

Il y a lieu, bien entendu, de faire la correction pratique ; car le rendement dans la fabrication n'est jamais le rendement théorique.

Pour les matières sucrées, le coefficient pratique peut être de 0,95. Il est seulement de 0,75 à 0,80 pour les matières amylacées et féculentes.

Enfin les deux tiers seulement et quelquefois moins des matières transformables produisent de l'alcool. Le dernier tiers reste dans la bière à l'état de sucre ou de dextrine.

ANNEXE **B**

Extrait du Rapport présenté à la réunion générale des brasseurs des cinq départements du Nord,

Par M. TAFFIN-BINAULD, président du syndicat.

SITUATION DE LA BRASSERIE FRANÇAISE.

Il me reste à dire deux mots concernant la situation particulière de notre industrie, surtout dans nos cinq départements du Nord.

Nos conditions, par rapport à la vente de nos produits, ne sont pas, vous le savez, Messieurs, les mêmes que celles qui règlent les rapports des autres industriels avec leur clientèle.

Nos prix de vente ne varient pas, quelles que soient les fluctuations des cours, par rapport aux matières premières que nous employons. Tant mieux pour nous quand elles se vendent à bon marché, tant pis quand elles sont chères. Cet état de choses subsiste depuis un temps immémorial, et l'augmentation générale du prix de toutes choses n'y a pas jusqu'ici apporté de modifications.

Cependant, à la suite de la loi de 1871, qui a porté la taxe principale de la bière forte de 2.40 à 3 fr., et celle de la petite bière de 60 cent. à 1 fr., des tentatives sérieuses ont été faites un peu partout à l'effet d'obtenir de notre clientèle un prix plus élevé.

En général ces tentatives ont échoué, et sauf quelques endroits privilégiés, les anciens prix ont été maintenus.

Voyons cependant de combien nos charges, en dehors même de cette augmentation générale dans le prix des denrées et des services, se sont accrues, rien que par le fait des impositions nouvelles.

Prenons pour type, si vous le voulez bien, une brasserie fabriquant 10,000 hectolitres, dont 6,000 en bière forte et 4.000 en petite bière.

Les 6,000 de bière forte acquittaient avant 1871, à raison de 2.40 plus le décime (2.40 + 48 = 2.88 × 6,000 hectol.)..................... = 17,280 fr.

Les 4,000 hect. de petite bière payaient, à raison de 60 cent., plus le double décime (60 + 12 = 72 × 4,000).............. = 2,880

Total.................. 20.160 fr.

Actuellement le même brasseur acquitte pour sa bière forte un droit de 3 fr., plus le double décime et demi, soit (3.75 × 6,000 . . . . == 22,500 fr.

Pour sa petite bière 1 fr., plus le double décime et demi, soit (1.25 × 4,000) . . . . == 5,000

Le droit sur la patente a été augmenté d'un chiffre qu'on peut évaluer pour un établissement de cette importance à environ . . .   400

La licence a été aussi l'objet d'une majoration notable, environ   60

Les timbres que nous sommes obligés d'apposer sur nos factures très-nombreuses, dépense supplémentaire qui n'atteint pas moins par an de 100 (1)

L'abolition de l'escompte votée tout récemment et qui représente 700

Total. . . . . 28,760 fr.

Soit une différence en plus sur la situation ancienne de 8.500 fr., supportée presque entièrement par le brasseur, le consommateur ayant continué à payer sa bière le même prix que précédemment.

La cause de cette situation anormale, vous la connaissez, messieurs; c'est d'abord la concurrence que la création d'un grand nombre de nouvelles brasseries, sur la fin de l'Empire, a amenée dans nos rangs ; c'est ensuite la résistance de nos cabaretiers, résistance motivée surtout par l'obligation où ils se trouveront de porter le prix de la bière, au débit, de 20 cent. à 25 cent. le litre.

Vous savez tous, messieurs, quelle émotion profonde une telle augmentation dans les prix de vente amènerait dans nos populations du Nord, déjà tant contrariées et surchargées par les nouveaux impôts de consommation ?

Et cependant, nous sommes arrivés à la limite extrême des sacrifices, et nous nous trouvons devant cette alternative : l'augmentation des bières ou la ruine de nos établissements.

Je sais qu'un préjugé général existe, c'est que la brasserie est une industrie prospère et fortunée, et qu'on peut lui demander beaucoup en raison de sa prospérité.

Nous pourrions répondre que, en admettant que cette opinion soit fondée, il ne serait pas juste de faire retomber sur quelques-uns seulement des charges qui doivent incomber à tous, et que la règle est que l'impôt indirect doit atteindre la consommation et non la production.

Mais notre industrie n'est pas si prospère qu'on le dit. Les brasseurs riches sont les brasseurs d'ancienne date. Quant aux nouveaux établissements, le nombre de ceux qui sont à céder et qui ne trouvent pas preneurs, fait assez voir que leur situation est loin d'être brillante.

---

(1) Dans les départements du Centre et du Midi de la France, où les livraisons se répartissent dans une clientèle beaucoup plus nombreuse que dans le Nord, l'impôt du timbre sur les factures représente, pour une brasserie livrant 10,000 hectolitres, 12 à 1500 fr. par an.

Et cela n'a rien qui doive nous étonner, quand nous pouvons constater, comme nous l'avons fait tout à l'heure, que nos charges fiscales seules ont été accrues de plus de 40 pour 100, presque toujours sans compensation dans les prix de vente.

Nous n'exagérons rien en disant que la brasserie française traverse en ce moment une crise vraiment pénible, dûe presque entièrement à la série d'impôts nouveaux dont elle est frappée.

Voilà la vraie situation de notre industrie; et cependant, messieurs, mérite-t-elle d'être ainsi châtiée, et n'a-t-elle pas des droits vraiment sérieux à la bienveillance de l'Etat?

La boisson que nous fournissons à nos laborieuses populations du Nord leur est indispensable. Le vin n'est pas à la portée de leurs bourses. La bière les désaltère, et en raison des principes azotés qu'elle renferme, les nourrit en même temps. C'est en quelque sorte, comme on l'a dit plusieurs fois, le pain liquide de nos ouvriers.

Les résidus de nos fabrications ont une importance considérable. C'est la levure si utile à la panification ; ce sont les radicelles de nos malts, très-appréciées comme engrais et même comme nourriture ; ce sont nos drèches recherchées par les cultivateurs pour l'alimentation de leur bétail. Les quantités que nous leur livrons sont d'autant plus considérables que non-seulement nous consommons les orges de la culture française, mais que chaque année nous importons des millions d'hectolitres de grains étrangers, qui viennent, après leur emploi dans la brasserie, produire de la viande, du lait et du beurre, plus des engrais très-riches pour la fertilisation des terres.

N'est-ce pas la brasserie qui, la première, a ouvert la voie à toutes ces industries agricoles, qui ont pris depuis un si grand développement et qui, du Nord, leur berceau, sont parties porter dans le reste de la France, la richesse et la fertilité?

Combien cependant les pays vinicoles sont mieux traités que nous, surtout au point de vue de la boisson qu'ils produisent et qu'ils consomment!

Et à ce sujet, nous ne pouvons ne pas relever une erreur commise par M. Jacquème, dans son rapport, et de laquelle il résulterait, contrairement à l'évidence des chiffres et des faits, que la bière serait, au point de vue fiscal, plus avantagée que le vin.

J'ai déjà combattu devant vous cette assertion erronée; et, en rétablissant dans leur rapport équitable les termes de la comparaison, c'est-à-dire en prenant d'une part les pays à bière et de l'autre les pays à vin, j'ai pu vous prouver que ces derniers n'acquittaient guères que 1.26 par hectolitre de vin et encore sans tenir compte de la piquette fabriquée sans droits par les ouvriers des campagnes, tandis que notre moyenne la plus basse ne saurait descendre en dessous de 2.50 par hectolitre de bière.

Donc, messieurs, les départements viticoles paient la moitié moins de droits que les départements privés de cette plante si précieuse, la vigne, pour la boisson qu'ils consomment le plus ordinairement.

La preuve la meilleure que leur situation est bien plus favorisée que la nôtre c'est que dans nos cinq départements du Nord où la boisson populaire est la bière, l'impôt des boissons rapporte à l'Etat une fois plus que la moyenne de la France entière et trois fois plus que, dans l'Hérault, où la boisson populaire est le vin.

Et cependant, en raison de son bon marché, des faveurs de toute espèce accordées au récoltant, au fabricant, aux ouvriers par l'emploi des marcs, la consommation du vin est mise à la portée de toutes les bourses et elle s'y fait dans une proportion telle que les personnages les mieux en situation d'apprécier l'importance de cette consommation, estiment qu'elle n'est pas moindre de 525 litres par an et par tête.

Que nous sommes loin d'un pareil chiffre ! La consommation dans nos centres les plus importants et où affluent les étrangers, n'atteint pas la moitié de ce chiffre. Dans la ville de Lille où nous sommes réunis en ce moment, la moyenne de la consommation n'est que de deux hectolitres environ, que serait-ce si l'on faisait entrer en ligne de compte nos campagnes où un grand nombre de nos ouvriers ne peuvent même boire de la petite bière et en sont réduits à ne boire que de l'eau.

Et cependant l'impôt des boissons rapporte trois fois plus que dans les pays viticoles !...

D'où cela peut-il provenir, sinon de la situation extrêmement favorisée faite à la boisson ordinaire de ces contrées, au vin ?

Loin de nous la pensée de détourner sur d'autres les charges nouvelles qui nous menacent par les considérations que nous venons d'énoncer.

Mais ne sommes-nous pas en droit de réclamer en faveur de notre industrie une répartition plus équitable ?

Nous l'avons prouvé par des chiffres, nos charges fiscales ont été accrues de 40 pour 100 depuis la guerre. Quelles sont les autres industries aussi surtaxées ?

TAFFIN-BINAULD.

ANNEXE C

Méthode simple pour déterminer la densité originelle d'un moût, d'après l'essai sur une bière fermentée.

L'analyse d'une bière est une opération très-compliquée. En effet, la bière contient habituellement : de l'acide carbonique, de l'alcool, de la dextrine, du sucre, de l'acide tannique, de la résine provenant du houblon, des substances albumineuses et glutineuses de plusieurs espèces, de l'extrait de levure, des matières grasses, des sels ammoniacaux, des substances salines provenant du malt, du houblon et de l'eau. Il se trouve, en outre, par suite de transformations produites après la fermentation, dans le sein même de la bière : de l'acide lactique, de l'acide acétique, des sels formés par ces acides, des produits pyrogénés, variables suivant le degré de torréfaction du malt, etc., etc.

On comprend que l'essai densimétrique seul, d'un liquide chargé d'une aussi grande variété de corps, est une opération très-délicate. Ce qui rend plus difficile encore la reconstitution de la densité originelle d'une bière, c'est que par l'acte même de la fermentation, non-seulement il s'est produit de l'alcool, mais encore d'autres substances telles que de l'acide acétique, de l'acide lactique que l'on ne peut isoler pratiquement et qui viennent vicier dans un sens ou dans l'autre, les essais que l'on a pu faire, malgré les plus grandes précautions.

Aussi ne peut-on faire *qu'approximativement* un essai densimétrique des bières fermentées, et la méthode la plus simple que l'on puisse employer avec un peu de sécurité, est la suivante :

On prend une quantité déterminée de bière, un litre, par exemple, que l'on verse dans un vase gradué. On en distille exactement moitié. Le produit de la distillation se compose d'eau et de tout l'alcool contenu dans la bière. On pèse avec un pèse-esprit, et le nombre de degrés trouvés divisés par 2, donne la force alcoolique du litre de bière. A l'aide d'une table convenablement dressée, on détermine la quantité de sucre qui correspond à l'alcool et la densité qui s'y rapporte. Supposons que l'on trouve ainsi 4°. On ajoute ensuite de l'eau puis à la partie de la bière non distillée, jusqu'à ce que l'on ait rétabli le volume primitif de un litre. On pèse le mélange avec un densimètre, et si l'on trouve 3°, par exemple, 4° plus 3 ou 7° représentera la densité originelle du moût.

Cette méthode est assez exacte, s'il n'y a pas d'acide acétique dans la bière; mais comme il en existe toujours ou presque toujours, il distille avec l'alcool, et étant plus lourd, fausse un peu les indications de l'alcoomètre.

Aussi cette méthode, la seule applicable en pratique, donne généralement des densités un peu trop faibles.

ANNEXE D

Des diverses qualités de biéres,

Par M. Aimé GIRARD, professeur au Conservatoire des Arts et Métiers.

Ce serait se tromper étrangement que d'attribuer aux bières consommées dans les diverses contrées des qualités de même nature. Les bières diffèrent entre elles au moins autant que les vins, et aux habitudes de chaque localité correspondent des produits de goûts et de compositions divers.

J'ai pensé qu'il y aurait un certain intérêt, au moment où la question de la brasserie prend une si grande importance, à comparer entre elles, sous le rapport de la composition d'abord, sous le rapport des qualités ensuite, quelques-unes des bières dont l'usage est le plus répandu dans les pays de grandes consommation. L'analyse de ces boissons a été faite mainte et mainte fois par des chimistes distingués, mais les résultats obtenus par ces chimistes à des époques diverses, sur des produits dont l'origine était incomplètement déterminée, ne sont pas, en réalité, absolument comparables entre eux ; aussi, pour remplir le but que je viens d'indiquer, m'a-t-il semblé préférable de me procurer, au même moment, un certain nombre de bières d'origines diverses, mais certaines, pour, ensuite, les soumettre à une analyse nouvelle. L'étude d'échantillons pris ainsi directement dans le commerce offre, à coup sûr, plus de garanties encore que celle des produits de qualité peut-être exceptionnelle que j'aurais pu recueillir dans les galeries d'une exposition.

Cette étude, forcément sommaire, n'a porté que sur deux points, le dosage de l'alcool d'une part, des matières solides ou extractives de l'autre ; ce sont là, du reste, les éléments essentiels de la qualité des bières ; de la richesse en alcool dépend le ton, le montant de la boisson, de la richesse en matières extractives dépend cette sensation particulière de plein qu'elle cause dans la bouche, sensation que l'on caractérise d'habitude en disant d'une bière qu'elle a ou qu'elle n'a pas de bouche.

Mais il est d'autres qualités que l'analyse chimique est impuissante à déterminer, parce que, malgré leur importance, elles découlent de causes infiniment petites ; ce sont les qualités de goût et de parfum dont il faut aller chercher l'origine surtout, dans la nature et le mode de travail des orges et des houblons employés à la fabrication.

Quoi qu'il en soit, je dirai rapidement quelles sont les principales sortes de bières qu'offrent aux consommateurs les brasseries des différentes contrées eu-

ropéennes ; j'aurai soin de joindre, à l'indication de leur caractère, les résultats
que leur analyse a fournis.

Les bières que l'on consomme en Bavière, en Wurtemberg, et même, on peut
le dire, dans toute l'Allemagne, sont des bières généralement fortes, de très
bonne qualité, quelquefois cependant un peu lourdes ; lorsqu'elles sont destinées à la consommation locale, elles renferment de 4 à 4 1/2 0/0 d'alcool, et
de 60 à 90 grammes de matières extractives par litre ; mais souvent aussi leur
teneur en alcool s'élève notablement au-dessus du chiffre que je viens d'indiquer, et il n'est pas rare de voir consommer en Bavière des bières riches à 5, 6
et même 7 0/0 d'alcool ; les bières destinées à l'exportation sont généralement
aussi dans ce cas. Celles-ci, pour la plupart du moins, sont, en outre, d'une très
grande amertume, le brasseur ayant soin, pour en assurer la conservation,
d'augmenter dans une large mesure, la proportion du houblon. Les bières
bavaroises se présentent d'habitude avec une couleur jaune foncé due à
l'emploi de malts fortement touraillés ; quelquefois même elles se montrent
franchement brunes, et sont alors colorées au caramel. Ce sont toutes bières
obtenues par fermentation basse, c'est-à-dire dans des conditions telles que
la température du liquide, depuis le moment où il entre en fermentation
jusqu'au moment où il entre en consommation, ne dépasse pas 7 à 8 degrés
centigrades.

Je joins ici l'analyse faite récemment sur des produits d'origine certaine et
provenant de brasseries bavaroises :

	Alc. p. 0/0.	Ext. p. lit.
Cumlbach	7,5	79,50
Nuremberg	4,6	66,46
Munich	4,3	65,50

Les bières belges, qui, lorsqu'on se place au point de vue exclusif de l'importance commerciale, se présentent immédiatement après les bières allemandes,
sont toutes différentes de celles-ci par leur goût comme par leur composition.
On en connaît des variétés pour ainsi dire infinies : le faro, le lambic, l'uytzet,
etc., toutes sont caractérisées par ce fait, qu'elles ne sont pas mises en levain,
et que leur fermentation, se déclarant spontanément, abandonnée ensuite à elle-
même, va se poursuivant lentement, peu à peu, pendant deux ou trois années,
si bien que, dans ces conditions, on voit, au bout d'un certain temps, le moût,
obéissant aux lois naturelles, passer de la fermentation alcoolique à la fermentation acide, et que toutes ces bières, en fin de compte, se présentent au consommateur alors que, déjà, elles se sont aigries et renferment, à côté d'une certaine quantité d'alcool non encore détruit, des proportions notables d'acide acétique et d'acide lactique. Les bières belges, en un mot, ne sauraient être mieux
comparées qu'au cidre de notre Normandie, alors que, la saison s'avançant, il
a commencé de s'aigrir ; les bières de cette sorte se rencontrent également
dans le nord de la France.

Voici, du reste, la composition que l'analyse assigne à celles qui, parmi ces bières, sont les plus recherchées, le lambic et le faro :

	Alc. p. 0/0.	Ext. p. lit.
Lambic de Bruxelles..................	5,8	36,8
Faro de Bruxelles....................	4,9	36,3

Nous rencontrons ensuite les bières anglaises ; ce sont, chacun le sait, des bières renommées et renommées avec raison ; elles sont fortes, alcooliques comme des vins, admirablement fabriquées. On ne saurait, en somme, leur adresser qu'un seul défaut, c'est l'exagération de leur parfum et l'excès de leur amertume. Mais ce sont là précisément, auprès du consommateur anglais, de véritables qualités, et ces qualités, c'est à l'emploi à haute dose des houblons de Kent et de Surrey que les bières anglaises les doivent.

On peut ranger les bières anglaises en deux classes : les bières pâles et les bières colorées ; les premières habituellement désignées sous le nom d'*ale*, les autres sous les noms de *porter* et de *stout*

Les *pale ale* contiennent, en général, de 6 à 7 0/0 d'alcool ; elles sont jaunes, limpides, et extrêmement aromatiques ; les *porter* et les *stout*, qui continnent quelquefois jusqu'à 9 0/0 d'alcool, qui constituent alors des boissons aussi alcooliques que les vins de table ordinaires, sont, comme les *ale*, obtenus par fermentation haute, dans des cuves de dimensions colossales ; leur coloration est due à l'emploi d'une petite quantité de malt intentionnellement torréfié dans des appareils tout-à-fait analogues aux brûloirs à café des ménages.

J'ai réuni ici les nombres qui m'ont été fournis par l'analyse comparative de quelques bières anglaises d'origine certaine :

	Alc. p. 0/0.	Ext. p. lit.
Pale ale............................	6,5	51,54
Sparkling ale.......................	7,25	75,14
Extra Stout.........................	9,00	85,00

Les bières autrichiennes sont des bières fines, légères, parfumées, peu colorées, qui, lorsqu'on les destine à la consommation locale, ne renferment pas plus de 3,5 à 4 0/0 d'alcool ; dont la richesse, lorsqu'elles doivent être exportées, s'élève à 4,5 et même quelquefois à 5 p. 0/0, mais rarement au-delà.

La proportion des matières extractives y est parfaitement calculée et telle que le produit soit absolument satisfaisant, tant sous le rapport du montant que sous le rapport de la bouche ; j'ai analysé quelques-unes de ces bières, et voici les résultats que l'analyse m'a fournis :

	Alc. p. 0/0.	Ext. p. lit.
Export-bier........................	4,5	78 gr.
Lager-bier	4,0	70

Comme les bières allemandes, les bières autrichiennes sont obtenues par fermentation basse ; mais le maintien des températures aussi près que possible de zéro, est peut-être mieux observé encore en Autriche qu'en Allemagne ; leur moindre richesse en alcool vient d'ailleurs s'ajouter à leurs autres qualités pour faire d'elles une boisson parfaite.

En France, enfin, nous rencontrons les bières les plus diverses. La brasserie, dont l'école était autrefois à Lyon, traverse aujourd'hui, dans notre pays, une phase d'incertitude pour ainsi dire ; elle cherche sa voie ; et son choix semble, avec raison, se porter vers les procédés allemands, et surtout vers les procédés autrichiens. L'emploi de ces procédés commence même à devenir général, et c'est ainsi que nous verrions, aux deux extrémités de la France, à Nancy, à Marseille, comme aussi à Paris même, se développer aujourd'hui la fabrication des bières par fermentation basse.

Cependant, les anciens procédés sont encore, de leur côté, en usage dans diverses parties de notre pays ; à Lyon, on fait encore de la vieille bière française, agréable, mousseuse, mais malheureusement d'une altération très-facile, dans le Nord, nous retrouvons les bières acidules, semblables aux bières belges; et à côté de ces bières, enfin, sur tout notre territoire, de petites bières pauvres en alcool, pauvres en matières extractives, dans la production desquelles le glucose ou sucre de fécule joue malheureusement un rôle qui ne devrait appartenir qu'à l'orge et même à l'orge de qualité supérieure.

Entre ces divers produits, tous de fabrication française, mais obtenus par des procédés différents, existent d'ailleurs les différences les plus grandes ainsi que le montrent les analyses résumées dans le tableau ci-dessous :

	Alc. p. 0/0.	Ext. p. lit.
Bière de Nancy (Tourtel frères)....	5,7	76,50
Bière de Lyon..................	3,5	50,00
Bière du Nord (Trelon)..........	3,7	32,96
Petite bière (dite de ménage)......	3,0	34,00

Cependant, et si grandes que soient les différences que je viens d'indiquer, il est une autre qualité au sujet de laquelle les différences se montrent, s'il est possible, plus accusées encore. Cette qualité, véritablement indéfinissable, c'est la finesse ; en quoi cette qualité consiste, c'est ce qu'il serait à peu près impossible d'expliquer, mais c'est ce que tout consommateur comprend et sait parfaitement reconnaître.

La finesse constitue d'ailleurs une qualité extrêmement instable, et il n'est pas de bière qui, placée dans des conditions incompatibles avec son tempérament, ne perde sa finesse originelle pour devenir bientôt grossière et commune. La bière ne connaît pas de pire maladie, et c'est dans la production de fermentations secondaires, concomitantes ou consécutives à la fermentation alcoolique, qu'il en faut rechercher les causes. D'autres maladies, nées de causes analogues, accompagnent, en général, cette perte de finesse, et la bière, plus impressionnable que le vin, peut, comme celui-ci, mais avec plus de facilité, se piquer, s'aigrir, tourner et perdre enfin, en peu de temps, tout son prix.

Or, lorsqu'on étudie avec attention les diverses sortes de bières que je viens de passer en revue, lorsque, surtout, on les étudie aux lieux mêmes de production, on est conduit à reconnaître que c'est aux bières viennoises qu'appartient le premier rang sous le rapport de la finesse. C'est sans doute à l'ensemble des diverses qualités qu'elles possèdent qu'il convient d'attribuer cette supériorité, et leur richesse moyenne en alcool et en matières extractives, la grande proportion d'acide carbonique qu'elles contiennent, comme aussi le soin avec lequel le brasseur évite de les exposer à l'action des ferments secondaires, y contribuent, à coup sûr, tout ensemble. De nombreux voyages en Europe m'ont permis de comparer, entre-elles, et aux lieux mêmes de production, les bières dont la consommation est la plus usitée, et je n'hésite pas à dire que, à mon sens, la bière autrichienne est à la fois la plus agréable et la plus salubre, celle qui, toutes choses égales d'ailleurs, convient le mieux à notre tempérament.

Aimé GIRARD.

ANNEXE **E**

Extrait des observations publiées par le Journal des
brasseurs, **sur le Projet de règlement d'administration publique, en exécution de l'article 10 du projet
de loi.**

Voici les principales dispositions que renfermerait ce document dans lequel
a été accumulé tout ce qu'il était possible au génie fiscal d'inventer pour assurer le recouvrement des droits du Trésor.

*Les bâtiments de la brasserie ne peuvent être mis en communication
avec aucune maison voisine autrement que par la voie publique. Défense
d'avoir un cabaret ou débit communiquant avec la brasserie. (Art. 2).*

Il est inutile de faire remarquer la perturbation que causerait cette disposition pour un certain nombre de brasseurs possédant un débit annexé à leur
établissement.

Interdiction des communications intérieures entre chaudières. (Art. 3).

Avec les *maximum* de densité établis par le projet de loi sur la bière forte
et la petite bière, on se demande quelle pourrait être l'utilité de cette prohi-
bition ?

*Les déclarations de mises de feu devront indiquer la nature et la quan-
tité des matières premières que le brasseur a l'intention d'employer au
brassin. (Art. 3).*

Cette disposition ne se comprend nullement, puisque l'impôt établi à la fabrication ne l'est pas sur les matières premières.

Le choix combiné de telles et telles matières premières, en telles proportions,
pour la confection d'un brassin, constitue pour maint brasseur tout un mode
particulier de fabrication communiquant à ses produits le cachet spécial qui en
fait la vogue.

Pourquoi, alors que la loi règle les densités de la bière forte et de la petite
bière, permettre au service de s'immiscer dans ces détails intimes d'usine ?

D'un autre côté, n'arrive-t-il pas souvent qu'au dernier moment, au lieu de

fabriquer un brassin de bière de luxe, on se décide à fabriquer un brassin de
bière ordinaire et *vice-versa*, et comme le règlement d'administration publique exige des déclarations de mises de feu vingt-quatre heures à l'avance, peut-
on avec certitude indiquer ainsi toujours à l'avance les quantités de matières
premières qui seront affectées au brassin ?

*Les déclarations de mises de feu devront aussi indiquer l'heure à la-
quelle sera effectuée la mise aux bacs. (Art. 9).*

Cette disposition serait tout simplement la négation de toute fabrication rationnelle.

Comment ! alors que tant de causes multiples retardent si fréquemment la
clarification du moût, le *tranché* en chaudière, l'administration aurait la prétention de forcer le brasseur à prévoir à l'avance, qu'à telle heure fixe, se sera
opérée complétement la clarification de ses moûts ?

L'administration ignore-t-elle donc que le moment où le moût peut être mis
aux bacs peut varier de plusieurs heures ?

Suivant la nature et la qualité du malt employé ;

Suivant la nature et la qualité du houblon ;

Suivant les conditions climatériques qui ont présidé à la confection du
brassin ;

Suivant que se sont produits tels ou tels incidents dans le cours du brassage, etc...

L'on nous parle toujours complaisamment de l'infériorité de qualité des
bières françaises, comparées aux bières étrangères, et c'est avec un pareil
système de réglementation que l'on prétendrait à l'avenir régir la brasserie,
un système qui forcerait le brasseur à porter au bac la bière trouble !!...

Autant vaudrait, dans cette voie, limiter le nombre d'heures pendant lesquelles la bière pourra être soumise à l'ébullition !

*On devra indiquer les locaux où seront entonnées les bières, et l'ordre
suivant lequel ces bières seront enlevées. Les bières devront séjourner
trois jours dans les entonneries après fermentation avant de pouvoir
céder la place à un autre brassin. (Art. 12).*

Pourquoi ces gênes et ces entraves à la fabrication ?

Est-ce que pour maints brasseurs, fabriquant des bières de fermentation
haute, la bière n'est pas expédiée après trente-cinq ou quarante heures de
fermentation.

L'adoption de cette mesure ne viendrait-elle pas apporter un véritable obstacle à l'exploitation de maints établissements où, eu égard à l'exiguïté des entonneries, chaque brassin ne peut y séjourner qu'un certain nombre d'heures
pour faire place aux brassins suivants ?

*Les employés constateraient le degré alcoolique des bières après fer-
mentation, etc. (Art. 11)*

S'il en est ainsi et si la bière après entonnement peut encore subir une continuation d'exercice, que devient cette faculté du mélange des deux bières, forte et petite, après entonnement, faculté, que, nous disait-on, l'administration était disposée à tolérer, avec l'établissement des *maximum* ?

D'un autre côté pourquoi les recherches du degré alcoolique des bières ? Est-ce que le degré alcoolique des bières a jamais, seul, prouvé que la bière avait telle ou telle densité à la fermentation ?

Est-ce que telles bières, façon Bavière, fabriquées avec 35 ou 36 kilogrammes de malt à l'hectolitre n'accusent pas souvent une proportion d'alcool moindre après fermentation, que telle bière du Nord préparée avec 19 à 20 kil. de malt seulement ?

La force alcoolique d'une bière n'offre nullement le *criterium* de sa valeur et l'honorable M. Jacquème a fait tout à fait fausse route en émettant dans son rapport le principe suivant :

« L'alcool pris pour unité de taxe sur toutes les boissons, quel que soit leur
» mode de préparation, quelle que soit leur dénomination, permet seul de réa-
» liser l'égalité des charges entre tous les consommateurs. »

Non ! ce principe n'est pas vrai pour la bière ; nous en prenons à témoin les analyses les plus sérieusement faites sur les diverses variétés de bière, et notamment le remarquable travail de M. Aimé Girard, professeur au Conservatoire des Arts et Métiers, et que l'on vient de voir.

A côté de l'alcool, la dextrine, le sucre non décomposé, etc..., ne viennent-ils pas apporter un contingent considérable et prépondérant pour la valeur des produits ?

Et dès lors, pourquoi cette constatation de la quantité d'alcool renfermée dans les bières, constatation qui ne pourrait avoir sa raison d'être que pour les bières étrangères, à l'effet de rechercher leur degré originaire de densité et en vue d'une surtaxe possible à leur appliquer ?

Tout marchand en gros est tenu de faire une déclaration de profession impliquant le paiement de la licence et les magasins où se trouvent ses bières, ainsi que les quantités de bières qu'il possède. (Art. 1.)

Cette disposition établit la base de l'exercice des bières à la circulation repoussé si énergiquement par tous les brasseurs.

Les brasseurs sont tenus d'apposer sur leurs tonneaux une marque au feu, etc., et d'indiquer sur chacun d'eux la contenance en litres. (Art. 4.)

Cette disposition du règlement ne causerait aucune gêne à beaucoup de brasseurs de bières façon Bavière, débitant leurs produits en fûts à pression, litrés déjà, parce qu'ils sont de contenances variées, et d'une épaisseur de bois telle qu'ils ont rarement besoin de réparations. Mais il en serait tout autrement pour la brasserie du nord de la France, dont les tonneaux en bois peu épais, nécessitent fréquemment des rabattages, des rendouvages, ce qui entraînerait, par suite, l'apposition à tout instant de nouvelles marques de contenance.

A quoi bon d'ailleurs, au point de vue de la fraude, cette prescription du règlement. Le fisc aurait-il la prétention de traquer le brasseur pour un litre ou un demi-litre de bière ?

De même que sous la loi de 1816, le service permettait la mise de feu sous les chaudières pour le chauffage des eaux nécessaires au lavage des ustensiles, le nouveau règlement admet cette faculté et il ajoute :

Est assimilé à la mise de feu, la communication d'un courant de vapeur à une chaudière.

Dans le cas de mise en activité de la machine à vapeur pour un autre usage que la fabrication de la bière, la déclaration en sera faite quatre heures au moins à l'avance dans les villes, et douze heures dans les communes rurales. Elle en indiquera la durée. (Art. 6.)

En pratique, dans la plupart des brasseries pourvues de machine à vapeur, cette dernière fonctionne presque journellement.

Il est donc indispensable que le brasseur soit autorisé à maintenir le feu sous sa chaudière à vapeur, au moyen d'une déclaration générale renouvelable, non pas quotidiennement, mais tous les quinze jours ou tous les mois, sinon au moyen d'une déclaration annuelle.

L'administration impose à la brasserie l'exercice de jour et de nuit, les scellés aux chaudières, etc., etc., pourquoi après ces réglementations si rigoureuses enserrer encore l'industriel dans un réseau de formalités de détail qui, dès lors, n'ont plus de raison d'être ?

En cours de brassin le règlement permet l'utilisation d'une chaudière supplémentaire, mais sous la condition qu'elle n'excédera pas en contenance la capacité de la chaudière de fabrication. (Art. 7.)

Il est indispensable que la chaudière supplémentaire puisse avoir une contenance non-seulement égale à celle des chaudières réunies de fabrication, mais encore supérieure à cette contenance.

En effet, dans toute fabrication rationnelle, les trempes se succédant rapidement, le temps ferait défaut pour porter successivement chaque trempe à l'ébullition. D'un autre côté, la plupart des eaux utilisées en brasserie exigent une ébullition de trois et quatre heures et même davantage avant leur emploi au brassin. Faire bouillir en même temps l'eau nécessaire aux diverses trempes est donc une nécessité pour le brasseur. Par conséquent, l'usage de chaudières supplémentaires d'une assez grande contenance, pour arriver à ce but, doit être autorisé.

Nous disions que cette contenance devait être supérieure à celle de la contenance réunie des diverses chaudières de fabrication. Elle doit en effet représenter en outre, les pertes produites par l'évaporation du liquide dans les diverses manipulations des trempes jusqu'au soutirage.

En second lieu, dans le cours du brassin, s'effectuent les lavages des ustensiles de brasseries, des tonneaux, lavages pratiqués avec l'eau empruntée à la chaudière supplémentaire, dont la contenance, pour ces raisons, ne saurait être limitée.

Le service, avec la loi nouvelle, n'est-il pas suffisamment armé contre toute fraude possible, pour épargner à la brasserie ces formalités d'infini détail, sans portée utile pour le fisc et qui ne feraient que jeter le trouble et la gêne dans nos fabrications ?

Le règlement prévoit le cas où les employés sont absents à l'heure de la levée des scellés et il autorise le brasseur à enlever lui-même les scellés.

Le bris prématuré des scellés sera assimilé à une fabrication clandestine. (Art. 8)

Avec le système des scellés, dit l'administration, les visites de nuit dans les brasseries au repos seront extrêmement rares. Les employés n'y auront recours qu'autant qu'ils auront la certitude à peu près absolue de surprendre un travail clandestin.

Nous prenons note, au nom de la brasserie, de cette déclaration de l'administration.

Les mises de feu doivent être faites vingt-quatre heures d'avance dans les villes ; quarante-huit heures à l'avance dans les campagnes;
Elles devront déclarer :
La nature et la quantité des matières premières employées;
L'heure de la mise aux bacs ou aux réfrigérants;
En cas de chauffage à la vapeur la déclaration ne doit pas seulement faire connaître le moment où la vapeur est dirigée sur les chaudières de fabrication, mais l'heure à laquelle le feu est allumé sous le fourneau du générateur. (Art. 9.)

La disposition ci-dessus du règlement d'administration serait attentatoire :
1° à la liberté de commerce du brasseur ;
2° à la propriété de ses procédés particuliers de fabrication ;
3° à la liberté de fabrication d'un produit sain et de bonne qualité.

En effet, pour beaucoup de brasseurs dont l'écoulement des produits est subordonné à la température, au beau temps, est-il possible de prévoir quarante-huit heures à l'avance qu'il leur sera utile de brasser en été des bières jeunes de peu de conservation, dont la vente rapide aura ou n'aura pas lieu suivant qu'arriveront le soleil ou la pluie ?

N'en est-il pas de même pour d'autres brasseurs qui tiennent à ne brasser qu'en profitant des conditions les plus favorables de température ?

La loi de 1816 répondait bien mieux aux exigences générales du commerce du brasseur, comme aux exigences d'une bonne fabrication.

L'administration déclare que les délais stipulés par la loi de 1816, étaient insuffisants, surtout dans les communes rurales où les avis de mise de feu ne parvenaient le plus souvent aux agents, qu'au moment où les opérations déclarées étaient terminées. Mais en admettant l'entière réalité de cette assertion, est-ce

que la loi nouvelle, par l'apposition des scellés, n'a pas, dans une certaine mesure, remédié à cet inconvénient?

En tous cas et surtout pour la saison d'été, il serait indispensable d'établir
des délais beaucoup plus courts entre les déclarations de mises de feu et le moment où peuvent commencer les opérations. Le règlement pourrait aussi, à cet
égard, distinguer entre la saison d'été et la saison d'hiver.

Nous avons, démontré qu'avec les maximums de densité, la déclaration de la
quantité et de la nature des matières premières employées, était totalement inutile, et qu'elle ne faisait que livrer à tout venant des moyens de fabrication qui
doivent rester le secret de chaque brasseur.

Nous avons fait aussi valoir l'impossibilité de déclarer à l'avance l'heure où la
biere sera portée au réfrigérant ou aux bacs. Au nom des principes d'une bonne
fabrication, nous réclamons pour le brasseur le droit de rester juge du moment
où sa bière doit être mise aux bacs. Ce moment peut varier à l'infini suivant la
qualité du malt, du houblon, suivant une foule de circonstances qu'il serait trop
long d'énumérer ici. Astreindre à cet égard le brasseur à une déclaration précise,
serait le condamner à fabriquer souvent des produits détestables, s'il était forcé
de descendre ses moûts aux bacs avant leur parfaite clarification, ou à fabriquer
des produits n'ayant plus le cachet ni la finesse de goût désirés ; si, pour éviter
le premier péril, il avait soin de ne fixer le moment de la mise aux bacs qu'à
une heure assez tardive pour parer à toute éventualité, en prolongeant ainsi,
le plus souvent au détriment du volume et de la qualité de ses bières, le séjour
du moût en chaudières.

En ce qui concerne l'obligation de déclarer l'heure à laquelle le feu est allumé sous les générateurs, nous ferons observer que le générateur servant à
actionner la machine, à chauffer les eaux, est généralement celui qui sert en
même temps à la cuisson des bières, et qu'il serait ainsi impossible dans la plupart des cas de satisfaire aux injonctions du législateur.

Le règlement d'administration publique ne fait ici nulle mention de la faculté
du mélange des bières après entonnement, c'est-à-dire après la mise en levain
de chacun des brassins de bière forte et petite bière dans une cuve guilloire
spéciale.

Bien qu'il ait été dit à ce sujet que ce qui n'était pas défendu était permis, il
serait utile que cette faculté des mélanges, si précieuse surtout pour la brasserie
du nord de la France, pour la fabrication des bières à bas prix, fût l'objet d'une
mention spéciale. Cette lacune est d'autant plus regrettable, que certaines dispositions du règlement, ainsi que nous les verrons plus loin, tendraient à établir que
l'administration n'admettrait pas la légalité de ces mélanges de brassins après
mise en guillage des produits.

Quant aux formalités de la loi de 1816, relatives aux trempes, les dispositions
qui en faisaient l'objet sont abrogées. « Désormais, nous dit l'administration,
» toute liberté est laissée aux brasseurs pour le travail des trempes (1). C'est

---

(1) L'art. 2 du projet de loi avait pour objet, au contraire, d'entraver le plus possible cette liberté, mais il vient d'être modifié dans le projet du 15 juillet. (*Note des
rédacteurs.*)

» là, ajoute-t-elle, une concession qui sera reçue avec une grande satisfaction
» et que le système des densités introduit dans la législation, permet à l'admi-
» nistration d'accorder sans péril. »

« Une autre concession, dit l'administration, qu'on a cru devoir faire aux bras-
» seurs et qui ne sera pas accueillie avec moins de faveur que la précédente, est
» celle qui résulte de l'abrogation de l'article 112 de la loi de 1816, ainsi conçu :

» *L'entonnement ne pourra avoir lieu que de jour.* »

Ces abrogations de dispositions de loi antérieures étaient d'ailleurs comman-
dées par la logique. A quoi bon, en effet, réglementer le travail des trempés,
puisque la loi nouvelle établit un maximum de densité pour le brassin de petite
bière. (Nous savons que ce maximum fixé à 2 1/2 est absolument insuffisant et
que la brasserie réclame 3 1/2 pour la petite bière et 7 1/2 pour la bière forte.)

D'un autre côté, l'accès des brasseries étant toujours libre, même la nuit, pour
le service, l'obligation d'entonner pendant le jour n'avait plus nécessairement
de raison d'être.

*L'ampliation de mise de feu doit être représentée à toute réquisition des
employés, soit pendant la fabrication, soit après, jusqu'à ce que le retrait
en ait été opéré par le service lui-même (Art. 10).*

Nous savons bien que le texte de cet article qui apporte une addition à la loi
de 1816, a été surtout rédigé en vue d'organiser pour le service un contrôle qui
n'existait pas auparavant, contrôle qui consistera à rapprocher les portatifs tenus par les agents des indications inscrites par ces derniers sur les ampliations
de mises de feu. Toutefois, et comme dans maintes circonstances, il peut être
très-utile pour le brasseur d'avoir en sa possession, ses déclarations de mises de
feu, nous demanderons alors à l'administration le droit pour les brasseurs d'être
remis en possession de leurs déclarations de mises de feu, en échange des ampliations qui leur ont été délivrées.

Une autre disposition de règlement d'administration publique sur laquelle
nous appelons toute l'attention de nos lecteurs, est la suivante qui a trait au
recensement et à la constatation des produits :

*Le service procédera, soit au cours de la fabrication, soit après l'enton-
nement, à toutes vérifications, à tous recensements tendant à constater :*

La nature et la quantité des matières premières employées ;

*Le volume et la densité des moûts à leur sortie des chaudières avant la
mise en levain, ou à la cuve-guilloire ;*

Le produit effectif de chaque brassin à l'entonnement ;

*La force alcoolique des bières mises en tonneaux ou dans les récipients
destinés à en tenir lieu.*

*Il a également le droit de vérifier le volume et la richesse saccharine
des métiers à toutes les phases de la fabrication successivement extraits
de la cuve-matière (Art. 11).*

« Avec la disposition nouvelle, dit l'administration, la surveillance, au lieu

» de s'arrêter à *l'entonnement*, dernière phase de la fabrication, s'étend aux
» bières fermentées et déposées dans les magasins de vente en gros. Cette ex-
» tension des pouvoirs donnés à la régie, est indispensable pour combattre les
» manœuvres frauduleuses qui actuellement se pratiquent impunément sur les
» bières en tonneaux. »

Nous avons expliqué l'inutilité de la constatation des matières premières par
le fisc, l'impôt n'étant pas établi sur les matières premières et les maximums
de densité garantissant l'administration contre la fabrication de brassins d'une
excessive concentration.

Les autres dispositions renfermées dans le paragraphe ci-dessus, ont la plus
grande importance parce qu'en même temps qu'elles consacrent pour la régie, le
droit de suivre les bières après entonnement, elles tendent à dénier au brasseur
le droit de mélanger des bières après la mise en levain de celles-ci en cuves guil-
loires.

Nous avons fait ressortir aussi que l'alcool était loin de servir pour les bières
de critérium de qualité, ainsi que le prétend M. Jacquème, que bien d'autres
éléments, sucre, dextrine, matières albumineuses, contribuaient à en constituer
la valeur et la qualité. Pourquoi, dès lors, cette constatation de la force alcoolique des bières ? serait-ce pour arriver à en reconstituer, au besoin, la densité
originaire et prouver que le brasseur a opéré le mélange de ses produits après
entonnement ? Le coupage entre bières après mise en guillage est-il donc pro-
hibé par la loi.

L'entonnement d'un brassin terminé, le brasseur est tenu d'en consi-
gner immédiatement le résultat au verso de l'ampliation de la déclaration
de mise de feu au moyen d'une annotation indiquant l'heure de la fin de
l'opération.

Les excédants de fabrication sont pris en charge, et lorsqu'ils dépassent
5 0/0, frappés de la taxe, comme s'ils étaient constatés par les agents de la
régie. (Art. 15).

La brasserie a réclamé énergiquement le maintien des 10 0/0 de tolérance
établis par la loi de 1816, et à peine suffisants pour compenser les pertes diverses éprouvées par le moût en cours de travail. Réduire cette tolérance à 5 0/0
serait augmenter en réalité l'impôt sur les bières.

Après l'entonnement les bières ne peuvent être déposées ailleurs que
dans les locaux spécifiés à la même déclaration ; elles ne peuvent en être
enlevées qu'après fermentation et au plus tôt après l'entonnement (1).

Toute quantité trouvée en dehors des vaisseaux ou locaux déclarés, toute

---

(1) Le manuscrit que nous avons sous les yeux porte *trois jours après l'enton-*
nement, ce qui serait une énormité, car il arrive fréquemment en saison d'été, surtout, que vingt-quatre heures après l'entonnement les bières de fermentation haute
sont livrables et effectivement livrées à la consommation. (*Note des Rédacteurs.*)

— 84 —

quantité enlevée avant d'avoir subi la fermentation en tonneaux, doit être considérée comme fabriquée en fraude et saisie. (Art. 12).

« Tant que la bière, dit l'administration, n'est pas terminée, les allonge-
» ments de brassin avec de l'eau ou avec des dissolutions de sirop, sont pratica-
» bles. Or, des mesures étant prises pour que telles manipulations ne puissent
» plus avoir lieu dans les brasseries ou magasins, les intéressés chercheront
» inévitablement à y procéder dans des locaux non déclarés et peut-être même au
» domicile des consommateurs. L'interdiction formulée à l'article ci-contre est
» considérée comme le plus sûr moyen d'entraver ce genre de fraude ; les in-
» dustriels reconnaissent eux-mêmes, qu'après la fermentation, toute addition
» de liquide non fermenté serait cause d'altération rapide. »

Mais il est facile de réfuter victorieusement cette argumentation.

Comment ? répondrons-nous à l'administration, vous avez établi des maxi-mums de densité que le brasseur ne peut franchir sans payer une surtaxe dans le but de prévenir les allongements de brassins, et cette mesure qui vous garantit absolument contre toutes fraudes de ce genre ne vous suffit pas ? Mais avec les maximums de densité les allongements ne sont possibles qu'à l'aide de sirops. Or la loi n'admettant l'exonération des droits sur les sirops que lorsque ces sirops ont été dénaturés sous les yeux du service, n'êtes-vous pas complètement garantis contre tous allongements de brassins préjudiciables au Trésor ?

L'application de cette mesure serait d'ailleurs impossible pour beaucoup de brasseurs fabriquant des bières de fermentation haute, enlevées de l'entonnerie trente-cinq à quarante heures après la mise en guillage, ces bières devant faire place à la fermentation du brassin suivant.

Les brasseurs ont la faculté de porter le produit des trempes données pour un brassin à 20 0/0 au-dessus de la contenance brute de la chaudière…, à la condition que cet excédant soit totalement absorbé une heure au moins avant la mise au bac.

Lorsque les métiers sont mis en ébullition avant leur réunion dans la chaudière, la régie est autorisée à déterminer, en raison des procédés ordinaires de fabrication dans chaque brasserie, la quotité de l'excédant disponible à partir de la rentrée de la dernière trempe et à régler l'emploi de cet excédant de manière à ce qu'il ne puisse en résulter aucun abus.

Lorsque pour la fabrication de la bière forte, les métiers ne subissent aucune ébullition avant leur réunion intégrale (excédant compris) dans la chaudière surmontée de hausses fixes, le produit des trempes peut être porté à 50 0/0 au-dessus de la chaudière. Il est interdit d'alimenter les chaudières avec tout autre liquide que le supplément des métiers dont l'emploi est autorisé, même avec de l'eau. (Art. 13).

Le règlement prévoit l'emploi des hausses mobiles. Leur usage, calqué sur la loi de 1816, est tellement abandonné que nous n'en ferons pas mention.

Il passe ensuite à l'emploi des hausses fixes.

Les hausses fixes sont admises pour contenir la projection de l'ébullition et pour permettre au brasseur de soumettre simultanément à une même cuisson, les métiers réunis dans la chaudière avec l'excédant dont l'emploi est autorisé.

La dimension des hausses fixes est limitée de telle sorte, qu'abstraction faite d'un espace de 10 centimètres au plus réservé pour empêcher l'extravasion, on ne puisse y introduire un volume de liquide supérieur à celui de l'excédant autorisé (30 0/0) de la capacité brute de la chaudière et 20 0/0 pour la petite bière. En aucun cas, la contenance totale représentée par ces hausses ne doit dépasser 35 0/0 ou 25 0/0, selon qu'il s'agit de bière forte ou de petite bière.

Une ligne de démarcation apparente délimite la chaudière proprement dite de l'annexe considérée comme hausse. Sur cette ligne le brasseur est tenu de poser un robinet qui doit rester ouvert à partir du moment fixé pour l'épuisement de l'excédant.

Avec le système des hausses fixes, il est interdit de laisser des métiers en dehors de la chaudière ou de son annexe pour couvrir les déchets d'ébullition. Ces métiers ne peuvent d'ailleurs subir aucune ébullition préparatoire avant la rentrée dans la chaudière du produit de la dernière trempe, excédant compris, et cette opération doit être effectuée sans interruption dans le délai de deux heures au plus. L'heure à laquelle commence cette opération est indiquée dans la déclaration de mise de feu. (Art. 14).

Voici, à l'appui de ces dispositions, l'exposé des motifs de l'administration :

« Parmi les brasseurs qui suivent les procédés généraux en usage depuis long-
» temps, il en est qui font subir aux métiers une ébullition assez forte et assez
» prolongée, avant la réunion définitive des trempes, pour pouvoir se borner
» après cette opération, à donner à l'ensemble des métiers une ébullition de
» courte durée. Ce sont ceux qui brassent d'après le procédé dit à moût trouble.
» D'autres, au contraire, qui brassent à malt clair et qui ne donnent que deux
» trempes au lieu de trois, ne mettent les métiers en ébullition que lorsque la
» chaudière est remplie par la réunion des trempes. Ces derniers prolongent
» beaucoup plus que les premiers, l'ébullition qui suit la rentrée de la dernière
» trempe.

» On ne pouvait assurément traiter sur le même pied les uns et les autres,
» les besoins devant se calculer d'après la déperdition que l'ébullition occasionne
» à partir du moment où la chaudière se trouve remplie. La fixation trop large
» pour les uns, ne l'est pas pour ceux qui ont adopté un mode de fabrication
» analogue à celui qui est suivi en Bavière et qui a pris la dénomination de sys-
» tème bavarois.

» Ce système diffère des autres en ce que les métiers *subissent peu ou point*
» *d'ébullition avant* d'être réunis en chaudières, et qu'à partir de ce moment,
» ils sont soumis à une ébullition tumultueuse et prolongée qui ne souffre pas,
» comme dans les autres procédés, l'introduction successive des métiers destinés
» à alimenter les chaudières.

» Pour faciliter l'application de ce système, l'administration a été amenée à

» concéder aux brasseurs la faculté de surmonter leurs chaudières de hausses
» fixes et d'y introduire un excédant de 35 0/0, mais cette concession a toujours
» été subordonnée à la condition:

» 1º Que la réunion du produit des trempes ne serait pas précédée de la mise
» en ébullition des métiers;

» 2º Que cette opération serait effectuée dans le délai de deux heures au plus,
» et que l'excédant autorisé ne serait pas en réserve au dehors de la chaudière,
» mais introduit dans l'annexe ou hausse en même temps que le liquide néces-
» saire pour remplir les chaudières proprement dites.

» Et que l'heure de la réunion des trempes serait indiquée dans les déclara-
» tions de mise de feu.

» Au point de vue de la surveillance, ce dernier système ne présente pas plus
» de difficulté que les anciens, etc... »

Nous avons examiné déjà cette question de la tolérance des 35 0/0 qu'il aurait
fallu continuer à maintenir à ce taux en l'établissant d'une façon générale pour
les brasseurs, sans en faire l'objet de concessions particulières à telle ou telle
brasserie.

Rappelons à cet égard les origines et faisons l'historique de cette tolérance
des 35 0/0 qui a rendu de si grands services à notre industrie. C'est une
tâche qui nous sera d'autant plus facile que le premier en France, par la
voie de notre journal, *dès 1858*, nous avons réclamé avec instance pour tous
les brasseurs de France la concession de cette tolérance dont jouissaient seulement, à cette époque, MM. les brasseurs de Strasbourg.

Pourquoi la tolérance des 35 0/0 a-t-elle été accordée aux brasseurs de
Strasbourg ?

Tout simplement parce que le système des réserves, en vaisseaux distincts, de
de la chaudière était un système barbare vouant d'une façon certaine le moût,
ainsi emmagasiné, aux fermentations lactique et acétique.

Quant à un mode particulier de brassage nécessitant plutôt que tel autre la
jouissance de cette tolérance, il n'en pouvait pas être question.

Tous les moûts quelconques, en effet, qu'ils soient brassés par infusion, à
moût trouble, avec Dickmaisches, n'exigent-ils pas impérieusement d'être garantis contre les altérations inévitables qu'amène leur séjour en vaisseaux distincts des chaudières? S'il en avait été autrement, à quel titre le système
bavarois de Dickmaisches aurait-il dû d'être ainsi privilégié?

Avec cette méthode de fabrication, telle qu'elle était autrefois pratiquée, ne
faisait-on pas subir deux fois à la matière épaisse, une violente ébullition pour-
suivie souvent chaque fois pendant trois quarts d'heure? Les Dickmaisches
rentrées en cuve-matière, n'était-ce pas le tour de la Lautermaische (trempe
liquide) de subir une ébullition violente?

La presque totalité de la masse (drèche et liquide) n'avait-elle pas été de
cette façon soumise à l'ébullition avant la réunion des trempes en cuve-matière?

Donc, si certaines particularités dans le brassage avaient dû motiver cette tolérance des 35 0/0, ce n'eût pas été le cas pour la méthode de fabrication bavaroise.

Mais voici malheureusement ce qui advint. Comme cette tolérance des 35
avait été accordée originairement, sur leur demande, aux intelligents bras-

seurs de Strasbourg qui brassaient selon la méthode bavaroise, on décora cette concession du nom de *tolérance bavaroise des 35 0/0* et, avec l'habitude que nous avons en France, de nous payer facilement de mots, il en résulta, au début, le quiproquo suivant : c'est que dans nombre de départements on refusait d'accorder la concession des 35 aux brasseurs précisément qui avaient tous les titres possibles pour l'obtenir, c'est-à-dire aux brasseurs fabriquant leurs bières par la méthode d'infusion, et non par les procédés de brassage bavarois.

Nous nous rappelons avoir eu à faire, à cette occasion, pour de nombreux brasseurs, bien des démarches auprès de l'administration et notamment auprès de l'éminent fonctionnaire chargé du contentieux de la brasserie, l'honorable M. Roucou, qui, d'ailleurs, hâtons-nous de le dire, s'empressait de faire droit à nos observations et de rappeler MM. les directeurs des départements à une interprétation plus rationnelle des intentions de l'administration, quant à cette tolérance. Aujourd'hui nous venons dire à M. le directeur général des contributions indirectes, en ce moment où l'on voudrait faire de cette tolérance si précieuse des 35 0/0 un privilège particulier à certains modes de brassage :

Tous les moûts *quelconques* ont un égal besoin d'être sauvegardés de toute altération, quel qu'ait été le mode de brassage qui ait servi à les préparer.

Qu'importe l'ébullition partielle donnée pour un moment à certains métiers en cours de brassage, dans les procédés à moût trouble et à Dickmaische ?

Est-ce que ce commencement d'ébullition a pour objet de préparer la concentration du moût? Non ! son but unique est de communiquer à la bière un certain cachet spécial résultant d'une proportion plus forte de matières albumineuses solubilisées dans le moût, par la coction d'une partie de la matière épaisse. Et pour parer à la légère évaporation qui résulte de ce traitement, une proportion d'eau plus forte est même affectée aux trempes.

Pourquoi dès lors refuser aux brasseurs, fabriquant à moût trouble, la faculté de sauvegarder leurs métiers, faculté qui leur est tout aussi indispensable qu'à ceux de leurs confrères fabriquant par toute autre méthode?

La coction partielle d'un métier en cours de brassage, dispense-t-elle de la cuisson du moût? Pas le moins du monde, et cette cuisson n'en est même pas abrégée.

Tous les brasseurs, sans distinction, quels que soient leurs procédés de travail, ont un intérêt égal à profiter de cette concession des 35 et un égal intérêt à en jouir dans les mêmes conditions. En effet, si la durée de l'ébullition des moûts n'est pas la même dans les diverses brasseries, la violence et l'intensité de l'ébullition ne sont pas les mêmes non plus, dans tous les établissements et tels fabricants de bières façon Bavière absorbent en cinq à six heures de cuisson, l'excédant de métiers que mettent à évaporer en douze à quinze heures d'une ébullition paisible, tels autres de leurs confrères.

Conserver à 35 0/0 le taux de la tolérance des réserves emmagasinées aux chaudières, faire jouir indistinctement tous les brasseurs de cette faculté sans établir à cet égard de privilèges particuliers pour tels ou tels industriels : voilà ce qu'au nom de la brasserie nous réclamons de l'administration.

Nous arrivons à présent à l'exposé et à l'examen des dispositions les plus importantes du projet de règlement d'administration publique.

Le rédacteur dit que ce qui, dans sa pensée, peut donner quelque valeur à son travail, c'est qu'au lieu d'avoir pris pour objectif la brasserie du Nord, de l'Est, du Centre de la France, il n'a eu continuellement en vue que les intérêts généraux, les conditions économiques de fabrication de la brasserie française tout entière, dont une longue pratique du métier et de nombreux voyages, lui ont appris à connaître les besoins et les nécessités d'exploitation. Il poursuit ainsi :

Maintenant voici les importantes dispositions qui règlent ce que l'administration appelle complaisamment *comptes de magasin*, et ce que nous appelons, nous, plus exactement le contrôle *des bières à la circulation*.

Voici à cet égard les dispositions du projet de règlement :

COMPTES DE MAGASIN.

Les bières fabriquées restent soumises au contrôle et à la surveillance de la régie jusqu'au moment où elles sont livrées à la consommation.

A cet effet, le mouvement des bières dans les magasins des brasseurs, marchands en gros, est soumise à un compte d'entrée et de sortie présentant d'une part :

1° Pour les brasseurs, les quantités inscrites au compte de fabrication, etc.;

2° Les excédants de magasins constatés par voie de recensement ;

3° Les quantités reprises chez les consommateurs ou réintégrées en magasin, après une sortie non suivie de vente.

D'autre part :

1° Les quantités successivement enlevées des magasins ;

2° Les manquants constatés à chaque inventaire.

Les excédants que fait ressortir la balance de ce compte sont constatés par des procès-verbaux de saisie et soumis au droit d'après le tarif de la bière forte. Les manquants reconnus seulement sont émargés aux sorties. (Art. 18).

Pour assurer la tenue du compte précédent, il est mis gratuitement à la disposition des brasseurs un registre à souche qu'ils sont tenus de représenter à toute réquisition et sur lequel ils doivent inscrire indistinctement et sans interruption ni lacune, chaque enlèvement ou chaque réception.

En ce qui concerne les sorties, l'inscription constate à la souche et à l'ampliation du registre l'heure précise de l'enlèvement, le nombre et la contenance des fûts composant chaque envoi.

L'ampliation, aux mains du voiturier, sert de laissez-passer pour justifier à la circulation de l'origine des bières ; elle doit être représentée à toute réquisition, aux agents de la régie et leur être remise après qu'il en aura été fait usage.

Un seul laissez-passer suffit pour tous les envois chargés sur une même voiture ou sur plusieurs voitures circulant ensemble, MAIS CHAQUE LIVRAI-

SON PARTIELLE DOIT ÊTRE ANNOTÉE AU VERSO ET ATTESTÉE PAR LA SIGNATURE DU DESTINATAIRE.

En cas d'envoi par chemin de fer ou par messagerie, le récépissé est signé au verso du laissez-passer par le représentant de la Compagnie ou par le messager.

Les laissez-passer que se délivrent ainsi les brasseurs ou marchands en gros, servent à la réintégration en magasin des portions de chargement non placées ou refusées par les destinataires.

Les bières reprises chez les consommateurs sont ramenées en magasin sans expédition et sans déclaration préalables.

Relativement à ces réintégrations en magasins, qu'elles aient lieu en vertu de laissez-passer ou sans expédition, le déchargement du liquide doit être précédé de l'inscription au registre de mouvement des quantités reçues et de leur provenance. Cet enregistrement effectué au moment de l'arrivée du chargement énonce la date et l'heure de la réception ; l'ampliation en est annulée et reste attachée à la souche.

Les bières, que les marchands en gros ou dépositaires reçoivent directement des brasseries ou qui leur sont adressées par d'autres marchands en gros, doivent être accompagnées des laissez-passer délivrés par les expéditeurs.

Inscrites à l'arrivée au registre de mouvement, ces expéditions sont remises aux employés pour servir de titre à la prise en charge de liquides et être renvoyées au lieu de départ où elles sont rapprochées de la souche.

Les fausses énonciations reconnues aux laissez-passer et le défaut de concordance entre l'énoncé de la souche et celui de l'ampliation sont constatés par des procès-verbaux. (Art. 19).

Pourquoi ce luxe de formalités est-il imposé à la circulation de nos produits ?

Voici les raisons que donne l'administration :

« Sous l'empire de la loi de 1816, dit l'administration, l'action du service
» s'arrêtait à l'entonnement. Ce n'était pas assez, car la bière est susceptible
» de recevoir sans s'altérer, une addition d'eau ou de liquide sucré tant qu'elle
» n'a pas subi la fermentation nécessaire au développement de sa richesse
» alcoolique. Il importe donc que les employés puissent constater dans les ma-
» gasins les extensions illicites de brassins... »

« On n'impose pas aux brasseurs des formalités semblables à celles qui sont
» exigées à la circulation des autres boissons ; ce qu'on leur demande n'entraîne
» aucun déplacement et ne comporte que peu d'écritures. Sous ce rapport, les
» formalités sur lesquelles repose la perception des nouveaux impôts (papiers,
» huile de schiste, savons), sont beaucoup plus compliquées et cependant leur
» application n'a pas soulevé de sérieuses difficultés. D'ailleurs, cette prescrip-
» tion n'est pas nouvelle, car sous l'empire de la loi du 25 novembre 1808,
» la tenue d'un registre de vente était imposée aux brasseurs par l'article
» suivant :

« *Il sera tenu par les brasseurs un registre de vente sur lequel ils ins-*
» *criront, jour par jour, les quantités de bières vendues ainsi que le nom*
» *et le domicile des acheteurs.* »

Nous nous proposons de prouver que l'établissement de cet exercice des bières
après la fabrication, que l'administration considère en quelque sorte comme
l'arche de salut du Trésor :

1° Viole tous les principes d'une bonne législation fiscale ;

2° Qu'il ne saurait donner à l'application que des résultats illusoires,
tout en entravant d'une façon considérable la liberté de commerce du brasseur ;

3° Qu'il viole le principe de l'égalité des charges entre contribuables.

C'est à tous ces titres que la brasserie est unanime pour le repousser et que
plus de 1,500 adhésions de brasseurs sont venues se joindre au bas de la protes-
tation motivée que nous avons rédigée contre cet exercice.

1° Il est de principe, en législation fiscale, que les impôts ne peuvent être
cumulés. L'impôt est établi ou à la fabrication ou à la circulation, ou bien encore
au débit, à la vente en détail de la marchandise. La perception de chacun d'eux
est assurée par une surveillance qui lui est spéciale et exclusive. C'est ainsi
que le vigneron, absolument libre au point de vue de la fabrication de ses vins,
est astreint à des formalités spéciales pour la circulation de ses produits fabriqués. Par contre, le brasseur, soumis par la loi de 1816 à toute une série complète de formalités à la fabrication, se trouve, après cette fabrication, affranchi
de toutes réglementations pour la circulation et la vente de ses bières. Tels sont
les principes admis jusqu'ici en matière fiscale.

Eh bien ! l'impôt sur les bières tel qu'il est établi par le nouveau projet de
loi, est-il un impôt à la fabrication ou bien un impôt à la circulation ?

C'est incontestablement un impôt à la fabrication, car, absolument comme
sous la loi de 1816, il est établi et perçu d'après la contenance des chaudières
de fabrication et si bien établi d'après cette contenance que le brasseur, par
exemple, qui ne fabriquerait que 50 hectolitres de bière dans une chaudière
dont la contenance nette imposable serait de 100 hectolitres, n'en paierait pas
moins les droits pour 100 hectolitres.

S'il en est ainsi, pourquoi un deuxième exercice à la circulation des bières,
exercice aussi fastidieux et superflu pour le Trésor que tracassier et gênant
pour le brasseur ? Comment ! vous avez accumulé dans la loi nouvelle toutes les
précautions qu'il était possible d'imaginer pour empêcher de soustraire un litre
de bière à l'impôt !... aux réglementations si rigoureuses déjà de la législation
de 1816, vous avez ajouté les scellés aux chaudières, les visites de nuit toujours
permises au service, les maximums de densité pour la forte et la petite bière,
etc., et tout cet arsenal de formalités qui fera de la brasserie l'industrie de
France et de Navarre la plus étroitement surveillée et exercée, ne vous suffit
pas encore ? Vous prétendez, après avoir confisqué notre liberté toute
entière à la fabrication, la confisquer de nouveau à la circulation de nos produits !

C'est là ce qu'au nom des principes repousse énergiquement la brasserie qui,
en échange du sacrifice de toutes ses libertés de travail, du sacrifice même de

l'inviolabilité du domicile du brasseur, consentis à l'Administration, a le droit de réclamer, après fabrication, la libre circulation de ses produits.

Mais, objectera l'administration, il ne s'agit pas, à proprement parler, d'un véritable exercice, de l'établissement de l'impôt à la circulation des bières, mais d'un simple contrôle supplémentaire.

Nous savons bien que l'administration n'a pas la prétention de faire payer deux fois l'impôt sur un même produit : la première fois à la fabrication, la deuxième à la circulation, mais, à part cela, toutes les charges, toutes les gênes, tous les ennuis, toutes les contraventions de chaque jour qu'entraîneront les formalités du règlement d'administration, ne viendront-ils pas peser sur le brasseur absolument comme si l'impôt était perçu à la circulation des bières? Mais, nous dit encore l'administration, les nouveaux impôts sur le papier, les savons, etc... donnent lieu à ces formalités. Pourquoi n'en serait-il pas de même pour la bière.

D'abord, répondrons-nous, parce que ces produits, papier, savon...., n'ont pas à supporter les rigoureuses formalités prescrites à la fabrication des bières, et que l'impôt qui les frappe n'est pas un impôt à la fabrication.

Et puis quelle assimilation possible entre ces produits et la bière, boisson alimentaire de consommation générale au même titre que le pain?

Ou bien établissez l'impôt des bières à la circulation, et alors rendez-nous cette précieuse liberté à la fabrication dont jouit le vigneron pour la préparation de ses vins ?

Ou bien si vous maintenez l'impôt à la fabrication, maintenez aussi comme nous le garantissait la loi de 1816, la liberté de circulation de nos produits.

Tel est le dilemme que pose la brasserie à l'administration, au nom des principes qui ont présidé jusqu'ici à l'élaboration des lois fiscales.

Et cette liberté de circulation de ses produits, nous la réclamons avec d'autant plus d'instances, qu'il nous est facile de démontrer qu'elle ne porte pas la moindre atteinte sérieuse à la sécurité du recouvrement de l'impôt.

2° Le Trésor est garanti de la façon la plus absolue par les scellés aux chaudières, les visites de nuit, contre les brassins clandestins. Mais, dit l'administration, à partir de l'entonnement quelles sont les mesures qui nous garantissent contre les extensions, les prolongements de brassins? Le seul empêchement possible à ces fraudes n'est-il pas le contrôle des bières à la circulation?— Voilà le principal argument qu'invoque l'administration pour réclamer l'exercice supplémentaire des bières après fabrication.

Comment peuvent se pratiquer les extensions de brassins ? (manœuvre d'ailleurs funeste à la qualité des produits, beaucoup moins appliquée qu'on ne le croit et seulement pour des bières de peu de valeur).

De deux façons : ou bien au moyen d'une addition d'eau ; ou bien au moyen d'une dissolution sirupeuse, d'une addition de glucose.

Or, la loi nouvelle, plus prévoyante en cela, il faut le dire, que la loi de 1816, par l'établissement des *maximum* de densité pour la bière forte et la petite bière, n'a-t-elle pas parfaitement garanti le Trésor contre les extensions de brassins au moyen d'une addition d'eau?

Comment, en effet, allonger une bière dont la densité originaire n'avait et ne pouvait avoir, sans payer de surtaxe, que les degrés afférents ou à la bière forte ou à la petite bière, degrés déterminés par la loi elle-même.

Donc par l'établissement des maximums de densité, plus de fraude possible par une addition d'eau à la bière puisqu'il ne sera plus permis de fabriquer sans surtaxes, des bières d'assez forte concentration pour supporter après entonnement une addition d'eau. Nous nous trompons ; restera encore cette fraude possible et trop malheureusement pratiquée dans certains débits du nord de la France : l'addition par le débitant même, d'une certaine proportion d'eau à la bière de bonne qualité qui lui est livrée par le brasseur, véritable sophistication qui échappe à l'action du fisc, mais que devrait atteindre la loi pénale qui frappe les falsificateurs de denrées alimentaires.

Reste le deuxième moyen : l'allongement des bières avec une addition de sirop de glucose. Mais avec la taxe qui, d'après le projet de loi sur les sucres soumis en ce moment à la Commission du budget, va être portée à 20 fr. par 100 kilogrammes de glucose, quel bénéfice trouverait le brasseur a pratiquer l'allongement d'un brassin avec une matière frappée d'un droit aussi considérable ?

Le projet de loi sur les sucres admet bien, en effet, l'exonération des droits sur les glucoses employés en brasserie. Rien de plus juste, car la bière étant frappée d'impôt, une taxe nouvelle ne saurait frapper indirectement un produit déjà tarifié, et les glucoses, comme le malt doivent être exempts du droit que la loi établit sur le produit même frabriqué avec ces matières premières. Mais la loi n'admet l'exonération des droits qu'à la condition formelle que le glucose sera dénaturé par le brasseur, *sous les yeux de la régie*. Quelle possibilité, dès lors, pour celui-ci, de pratiquer fructueusement des allongements de brassin, avec des glucoses pour lesquels il devrait payer les droits?

Mais, va-t-on nous dire peut-être, même en payant le droit sur les glucoses, le brasseur n'aura-t-il pas avantage encore à utiliser ces produits pour une extension de brassin? Pas le moins du monde. En effet, 20 kilos de glucose étant, en moyenne, nécessaires pour fabriquer un hectolitre de bière forte (1), quel bénéfice aurait le brasseur à débourser 4 fr. de droits pour préparer un hectolitre de bière en fraude, par allongement de brassin, alors que le droit frappant l'hectolitre de bière forte n'est, tout compris, que de 3 fr. 75.

Il en est de même pour la petite bière. 11 à 12 kilog. de glucose sont indispensables pour préparer un hectolitre de petite bière potable qui, fabriquée légalement, ne paie au Trésor qu'un droit de 1 fr. 25 par hectolitre et qui, fabriquée en fraude avec des glucoses, par extension de brassin, devrait acquitter, au taux de 20 c. par kilog. de glucose, le droit de 2 fr. 20 à 2 fr. 40.

L'administration, on le voit à l'évidence, est donc avec la loi nouvelle et le projet de loi sur les sucres, absolument garantie contre toutes extensions ou tous allongements de brassin après entonnement.

---

(1) Nous avons démontré, page 29 et suivantes, que pour une bière forte à 6°,5 densimétriques, il fallait 30 kilog. de sucre de glucose à 35°, et 13,83 pour une petite bière à 3°. (*Note des rédacteurs.*)

D'un autre côté, et comme nous le disions plus haut, ce serait se tromper étrangement en supposant que ces pratiques frauduleuses sont aussi générales que le suppose si gratuitement l'administration. Ces allongements de brassin préjudicient tellement à la bonne qualité des produits, qu'absolument impraticables pour les bières de qualité supérieure, ils ne sont guère possibles non plus pour les bières de moyenne qualité. Le goût, tous les jours plus raffiné, plus exigeant du consommateur, goût que le brasseur se voit forcé de respecter, vu l'extrême concurrence qui existe dans notre industrie, vient, dans ces circonstances, en aide au fisc.

En supprimant tout contrôle à la réintégration des bières en magasins, l'administration elle-même a fait justice du système d'exercice de nos produits à la circulation, système dont le rudiment, ainsi que le constate l'administration, inscrit un moment dans la loi de 1803, a été vite abandonné par le législateur de 1816 pour faire place à l'impôt pur et simple à la fabrication.

Sans portée efficace ou utile, mais donnant lieu, s'il pouvait être sérieusement mis en pratique, aux plus monstrueuses inégalités d'exercice entre contribuables, suivant les localités et suivant les situations, le contrôle des bières à la circulation est repoussé par tous les brasseurs qui aspirent à vivre sous un régime consacrant avec l'égalité de l'impôt entre brasseurs et par suite, avec la sauvegarde des droits du Trésor, la pleine liberté de circulation de leurs produits.

CONCLUSION.

Avec la loi de 1816, augmentée des dispositions si rigoureuses qui permettent au service l'accès de nos établissements, même pendant la nuit, les scellés aux fournaux de chaudières, les maximums de densité...., l'administration est armée outre mesure pour prévenir toutes fraudes possibles. La brasserie, qui se résigne à ces mesures nouvelles, introduites dans le nouveau projet de loi, a le droit de réclamer en échange de ce sacrifice considérable, les libertés nécessaires de fabrication, les tolérances consacrées par un long usage et sans lesquelles la préparation d'une bière de bonne qualité ne serait pas possible : la tolérance des 35,0/0, le maintien des 10 0/0 de déchet, les maximums de densité portés à 7 1/2 et 3 1/2 et enfin, après entonnement, la libre disposition de ses produits.

Ce sont les vœux formulés par le syndicat général des brasseurs de France et qu'avait déjà formulés antérieurement, sur la proposition de son honorable président, M. Taffin-Binauld, le syndicat de la brasserie du nord de la France.

En formulant ces vœux, à l'unanimité, la brasserie ne revendique pas la possibilité de frauder, car nous l'avons démontré, le Trésor est garanti, absolument garanti par les dispositions nouvelles qu'accepte notre corporation contre toutes fraudes possibles. Elle ne réclame que le droit et la possibilité de vivre ; d'exercer honnêtement son industrie, de continuer à vendre dans le Nord de la France, où la bière constitue l'unique boisson des classes ouvrières, au bas prix séculaire qui n'a jamais varié, des produits sains et de bonne qualité. Elle réclame; dans l'Est, le Centre et le Midi de la France, le droit de disputer le marché national aux bières étrangères, et par suite, la possibilité de continuer à fabriquer des produits pouvant rivaliser avec ces dernières.

Un dernier mot pour terminer. On nous parle toujours des législations étrangères, des prodiges qu'elles enfantent, des garanties qu'elles donnent au fisc.

L'honorable M. Jacquème, dans son rapport, a épuisé à cet égard à l'adresse de nos voisins, toutes les formules de la louange.

Eh bien! voici ce qui se passe en Allemagne à propos de cette loi de 1816, sur laquelle on a jeté tant d'anathèmes.

Non-seulement le système de la loi de 1816 avec ses tolérances a été conservé dans les provinces annexées, mais il serait question de l'appliquer dans tout l'empire.

L'administration française repousse la loi de 1816, à l'heure où l'administration allemande se disposerait à l'adopter!

P. PUVREZ-BOURGEOIS.

Versailles; Imprimerie CERF ET FILS, Rue du Plessis, 59.

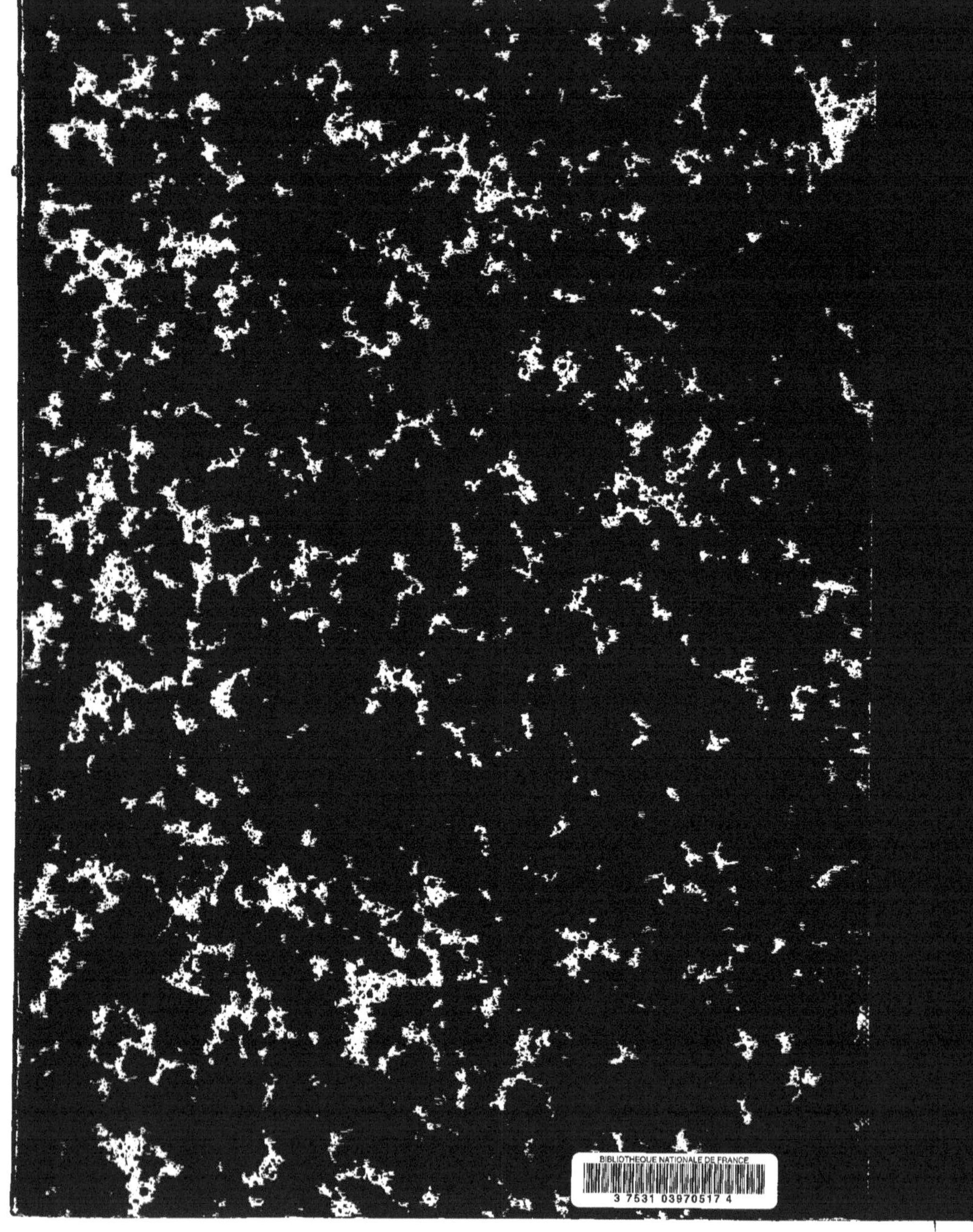